图书情报与信息管理实验教材

信息组织实验教程

An Experimental Instruction to Information Organization

主　编　司　莉

参编者（按姓氏音序排列）

陈欢欢　陈雨雪　都　蓝　封　洁　贾　欢

李　鑫　刘剑楠　刘孝平　卢炎香　潘秋玉

饶　艳　涂文波　邢文明　庄晓喆

WUHAN UNIVERSITY PRESS

武汉大学出版社

图书在版编目(CIP)数据

信息组织实验教程/司莉主编.—武汉：武汉大学出版社，2016.3(2024.5 重印)
图书情报与信息管理实验教材
ISBN 978-7-307-17372-9

Ⅰ.信…　Ⅱ.司…　Ⅲ.信息管理—高等学校—教材　Ⅳ.G203

中国版本图书馆 CIP 数据核字(2015)第 295070 号

责任编辑:詹　蜜　　责任校对:汪欣怡　　版式设计:韩闻锦

出版发行：**武汉大学出版社**　(430072　武昌　珞珈山)
(电子邮箱：cbs22@ whu.edu.cn　网址：www.wdp. com.cn)
印刷:武汉邮科印务有限公司
开本:720×1000　1/16　印张:12.25　字数:221 千字　插页:1
版次:2016 年 3 月第 1 版　2024 年 5 月第 2 次印刷
ISBN 978-7-307-17372-9　定价:22.00 元

前言

“信息组织”作为图书馆学专业核心课程，主要对信息组织的基本理论和基本方法进行系统阐述，并对具体信息组织工具进行详细介绍，体现传授知识与培养学生科学精神、实践能力、创新能力相结合的教育观念。《信息组织实验教材》是《信息组织原理与方法》一书的配套教材，两本书内容相互衔接，相互补充，使所学理论与实践紧密结合。同时，本教材也是国家级线上线下混合式一流本科课程“信息组织”、首批国家级一流本科课程“信息组织原理与利用”的配套教材。

教材是传播知识的主要载体，体现着一个国家、一个民族的价值体系，是教师教学与学生学习的重要工具。党的二十大明确提出教育是国之大计、党之大计。要加快建设中国特色、世界一流的大学和优势学科，加强教材建设和管理。教育部将教材建设与选用纳入本科教学质量国家标准，纳入一流专业和一流课程建设指标。《“十四五”普通高等教育本科国家级规划教材建设实施方案》提出要充分利用新一代信息技术，整合优质资源，创新教材呈现方式，以数字教材为引领，建设一批理念先进、规范性强、集成度高、适用性好的示范性新形态教材。纸质+数字化资源教材成为新形态教材应用的新模式。本教材2016年出版至今经过多次印刷，此次修订编写，正是在此时代背景下进行的。本次修订主要是增加操作的授课短视频数字资源，主要包括：《中图法》电子版的使用、《中国分类主题词表》的使用、《美国国会图书馆分类法》与《美国国会图书馆标题表》的使用、本体的构建工具 Protégé 的使用、概念地图软件 CmapTools 的使用、LibGuides 学科服务平台构建、ALEPH 500 图书馆集成管理系统中分编模块的操作。

本课程的实践性强，其教学目的和目标就是教会学生掌握信息组织的基本知识、基本理论和基本方法，提高检索和开发文献信息资源的能力，培养具有信息组织的基本知识、方法与技能，能够从事信息组织与检索、信息开发与利用的专门人才。提高学生的实际动手及创造能力是实现教学目标的关键因素。因此，必须注重教学实践，强化实验课与上机实习。所以我们编写了这本具有实验指导性质的教材与视频数字资源，通过精心分析、设计一系列实验，旨在提高学生分析解决与处理各种实际问题的实践能力。

本书共13章。全书由司莉策划并拟定写作大纲。由司莉编写第一、二、三、章；庄晓喆、都蓝、陈欢欢、封洁编写第四章；司莉编写第五章；贾欢、李鑫编写第六章；邢文明编写第七章；陈雨雪编写第八章；刘剑楠编写第九章；涂文波编写第十章；司莉编写第十一章；卢炎香编写第十二章；饶艳编写第十三章。全书由司莉统稿。书中难免会存在错误与不足，恳请专家、同行和读者批评与指正。

本书在编写过程中得到武汉大学信息管理学院领导、武汉大学出版社领导的支持与关心，责任编辑詹蜜对于本书的出版付出了辛勤劳动，匡正了不少错误，在此特表示诚挚的谢意。

司　莉

2024年3月于武汉大学

目录

第1章 “信息组织”课程实习概述

“信息组织”课程应体现传授知识与培养学生科学精神、实践能力、创新能力相结合的教育观念。通过学习使学生获得适应信息组织现实与发展需要的基础知识；具备文献标引能力、各类信息资源的整序能力以及对信息组织有关理论与实践问题的研究能力。课程主要内容包括信息组织课程实习概述，《中图法》（第五版）类目复分仿分方法、《中图法》（第五版）电子版与网络版的使用、《杜威十进分类法》（网络版）的使用，《美国国会图书馆分类法》（网络版）的使用，《中国分类主题词表》、《美国国会标题表》与 ERIC 叙词表的使用，网络信息资源组织，本体的构建，概念地图的创建，基于 LibGuides 学科服务平台的创建，多主题、各类型文献的标引方法，汇文图书馆集成管理系统中分编模块的操作、Aleph 图书馆集成管理系统中分编模块的操作等。

作为一门实践性、应用性和技术性很强，而且与培养学生应用能力直接相关的核心课程，“信息组织”在教学方法和教学手段方面呈现出十分明显的时代与实践特征。该课程经过多年建设已搭建了一个立体化的实践教学平台，该平台由课堂教室分组实习、实验中心的电子版与网络信息资源分类实习、图书馆集成系统的采编模块实习体验、专业课程实习室实习等组成，是一个多层次全方位的实习系统。

1.1 课程实习的总目的

课程实习的总目的是，通过实习，将所学理论知识与实践紧密结合，提高动手能力与操作能力，加强对授课内容的理解；学会使用《中图法》印刷版与电子版，标引各类型、各学科主题的文献，熟练掌握《中图法》（第五版）类目复分仿分方法的技术与要点、《中图法》（第五版）电子版与网络版、《杜威十进分类法》(网络版)、《美国国会图书馆分类法》(网络版)、《中国分类主题词表》、《美国国会标题表》与 ERIC 叙词表使用方法、掌握本体的构建与概念地图的创建软件工具;能够利用 LibGuides 创建学科服务平台,掌握多主题、各类型文献的标引方法,熟悉图书馆集成系统的信息组织流程与实际操作,并能够运用所学的信息组织方法对网络信息资源组织进行优化。

1.2 实习的准备知识与要求

1.2.1 知识准备

(1)《中图法》编制原则、体系结构与标记系统、《中图法》的组配技术与复分表、类目复分仿分的要点、《中图法》电子版与网络版系统界面、检索方法与检索功能、《杜威十进分类法》(网络版)与《美国国会图书馆图书分类法》网络版的使用方法。

(2)《中国分类主题词表》、《美国国会标题表》和 ERIC 叙词表的结构与功能及其使用方法。

(3)本体的构建、概念地图的创建软件工具以及 LibGuides 应用方法。

(4)多主题、各类型文献的标引方法,书次号的取号方法。

(5)图书馆集成管理系统中分类与主题标引的实现过程,主要掌握南京汇文系统与 Aleph 图书馆集成管理系统。

1.2.2 教学要求

(1)实习前认真阅读与熟练掌握有关章节内容,作好知识准备。

(2)针对实习内容与具体要求认真实习,学会基本操作技能,并完成实习作业。

(3)以学生自主完成实习为主,教师辅导为次。

(4)认真撰写实验报告。

1.3 实习的主要内容

实习的主要内容包括《中图法》(第五版)类目复分仿分方法,《中图法》（第五版）网络版的使用，《杜威十进分类法》（网络版）与《美国国会图书馆分类法》（网络版）的使用，《中国分类主题词表》、《美国国会标题表》与ERIC叙词表的使用，网络信息资源组织，本体的构建，概念地图的创建，学科服务平台的创建，多主题、各类型文献的标引方法，汇文与Aleph图书馆集成管理系统中分编模块的操作等。主要包括12项实习，具体内容如下：

实习一：类目复分仿分实习

根据课程学习的难点，设计“《中图法》（第五版）类目复分与仿分”单元实习，以分组形式协同完成50道类目复分仿分的习题，由教师在课堂上讲解与演示并回答学生提问。

实习二：《中图法》电子版与网络版的使用

利用学院图书情报实验教学中心的教学实习系统，以《中图法》为实习标引工具，完成一定数量的标引习题，熟练掌握电子版与网络版的各种功能与检索方法以及“使用本”的建立方法。

实习三：《杜威十进分类法》网络版（WebDewey）与《美国国会图书馆图书分类法》网络版（Classification Web）的使用

利用《杜威十进分类法》网络版（WebDewey）帮助资料（Help），熟练掌握其检索方法、浏览方法以及用户注释的建立方法。利用《美国国会图书馆图书分类法》网络版（Classification Web）帮助资料（Help），熟练掌握其检索方法与浏览方法。

实习四：《中国分类主题词表》的使用

掌握《中分表》印刷版、《中分表》电子版与《中分表》网络版的结构、功能与使用方法。

实习五：《美国国会标题表》与ERIC网络叙词表的使用

掌握《美国国会标题表》与ERIC叙词表两部标引工具的结构与功能，完成一定数量的实习标引任务。

实习六：网络信息资源的组织

了解传统信息组织方法在网络信息组织中的应用方式与网络环境下新的信息组织方法和应用。

实习七：本体的构建

在全面了解本体构建软件Protégé的功能与特点基础上，学会使用Protégé创建本体。

实习八：概念地图的创建

掌握概念地图的概念与构建方法，学习使用 Cmap Tools、Inspiration 等概念地图软件，按照要求绘制特定主题的概念地图。

实习九：基于 LibGuides 学科服务平台的创建

了解 LibGuides 的特点与功能，学会利用 LibGuides 构建特定学科的服务平台。

实习十：多主题、各类型文献的分类标引方法实习

掌握应用关系、影响关系、因果关系主题文献的标引方法，学会多卷书与丛书、工具书的标引方法，使用《中图法》与《中分表》进行多主题及各类型文献的分类与主题标引实践。

实习十一：图书馆集成系统的采编模块的操作流程

了解图书馆集成系统中分编模块的特点与功能，掌握其分编模块的使用方法，能在系统中进行分类取号。

1.4 课 时 安 排

共 36 学时，每项实习内容大约需用 3 学时。

1.5 实习所需的材料

实习所用的材料及工具主要有：《中国图书馆分类法》、《中图法》电子版与网络版、《杜威十进分类法》网络版与《美国国会图书馆图书分类法》网络版、《中国分类主题词表》、《美国国会标题表》、ERIC 叙词表、本体构建工具、概念地图创建工具、LibGuides 学科导航创建平台、图书馆集成管理系统（分编系统）、《通用汉语著者号码表》以及若干可供信息组织实习用的图书资料。同时，需要可以容纳 60 人左右的实习场所。

1.6 实验成绩与考核

（1）每完成一次实验，要求每一位学生按时提交作业。

（2）考核内容：第一，是否按实习要求认真地进行了实习；第二，是否达到了预期的效果；第三，学生的实习态度是否认真。

（3）考核方式与评分标准：实验态度和纪律占10%；实验内容和效果占60%；实习总结报告占课程成绩的30%。

第2章 《中图法》(第五版)组配技术的应用与号码配置

《中图法》中的组配技术是指利用分类表中已有类目的号码，按照一定规则组合类号，用以表达分类表中未设置的专指类目标。其组配技术应用于以下4个方面：一是编制通用复分表，作为全部类表有关类目组配复分的依据；二是编制专类复分表，供有关类目配复分使用；三是类目仿分，规定部分类目可仿照已列出类目进行细分；四是主类号的组配，在主类号之间使用冒号直接组配，合成新的类号。《中图法》的组配技术是本课程学习的难点，也是学习的重点。

2.1 实验目的与要求

(1) 掌握《中图法》通用复分表结构及使用要点。

(2) 掌握《中图法》专类复分表的使用要点。

(3) 掌握《中图法》类目仿分的使用要点。

2.2 实验内容

(1) 使用《中图法》进行类目复分练习。

(2) 使用《中图法》进行类目仿分练习。

2.3 实验操作指导

本实验包括以下3个部分：《中图法》通用复分表的使用、专用复分表的使用以及类目仿分。

2.3.1 《中图法》的通用复分表

通用复分表主要对主表的各级类目起复分作用，是组配复分的依据。它不能单独使用，必须与主类号进行组配。《中图法》编有8个通用复分表，分别是：总论复分表、世界地区表、中国地区表、国际时代表、中国时代表、中国民族表、世界种族与民族表，以及通用时间、地点和环境、人员表。

2.3.1.1 总论复分表的使用

① 使用本表时，将所用的复分号（连同"-"）加在主表分类号码后即可。例：《心理学百科全书》的号码标引为B84-61。

② 在主表中已列有专类者，或主表中某些类目具有该表的内容，不再使用本表的相应类目复分。

例一：

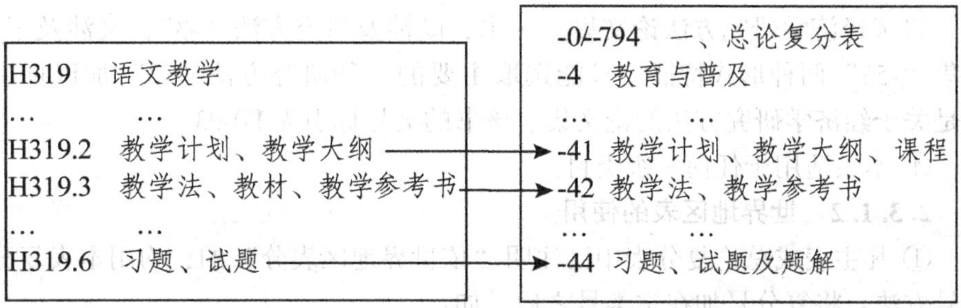

主表类目　　　　总论复分表类目

标引《大学英语教学法》一书，其类号为H319.3，主表类目中已列有专类，故不能标引为H31-42，即不能使用总论复分表的"-42 教学法、教学参考书"复分。

例二：

N 自然科学总论	总论复分表
N 自然科学总论	-0/-794 一、总论复分表
N0 自然科学理论与方法论	-0 理论与方法论
N1 自然科学概况、现状、发展	-1 概况、现状、进展
N2 自然科学机构、团体、会议	-2 机构、团体、会议
N3 自然科学研究方法	-3 研究方法、工作方法
N4 自然科学教育与普及	-4 教育与普及
N5 自然科学丛书、文集、连续性出版物	-5 丛书、文集、连续出版物
N6 自然科学参考工具书	-6 参考工具书
N61 名词术语、辞典、百科全书	-61 名词术语、词典、百科全书(类书)
… …	… …
[N7] 自然科学文献检索工具	[-7] 文献检索工具

社会科学总论类中的“C0/7”、自然科学总论中的“N0/7”是依据总论复分表编列的类目，不再使用总论复分表的类目复分。如标引《自然科学词典》一书，其类号为 N61，不能使用总论复分表的“-61”进行复分。

③具有本复分表中两种以上特征的文献，只可选择其中主要的一种加以复分，不能在同一个类号中同时使用两个总论复分表的号码；若不易区分主次时，按编列在前的类目复分。

如《经济学研究方法论文集》一书，既涉及研究方法“-3”，又涉及了论文集“-53”两种形式特征，只能选取主要的一种研究方法“-3”加以标引，即是关于经济学研究方法的论文集。该书的类号标引为 F0-03。

④ 本表适用于任何一级类目。

2. 3. 1. 2 世界地区表的使用

① 凡主表或总论复分表中已注明“依世界地区表分”的，均用本表复分。组号方法：将复分号加在主类号之后。如：

G649 世界各国高等教育概况

G649. 3/. 7 各国

依世界地区表分，再仿 G649. 2 分。

标引《美国高等教育制度》一书，其类号为 G649. 712. 2。

②凡主表中未注明“依世界地区表分”而用本表复分时，地区号码须加

国家地区区分标识“（）”。如：

S682.2　球根花卉类
S682.263　郁金香

标引《加拿大郁金香种植》，其类号为 S682.263（711），因 S682.263 类下没有注明“依世界地区表分”，而需要揭示加拿大这一概念，所以要将“加拿大”的类号“711”用“（）”括起来。

③ 在本表所列的世界各个地区下（如亚洲、东南亚），如采用其他标准细分时，则必须在地区号码后加“0”，以便与该地区所属的国家区别开来。如，要标引《西欧小说选》，先查阅类目“I3/7 各国文学”，依世界地区表分，西欧的类号为“I56”，先加“0”，再依专类复分表分，取小说类号为“4”。

I3/7　各国文学
　　依世界地区表分，再依下表分。

…	…
2	诗歌
3	戏剧文学
4	小说
5	报告文学
…	…

世界地区表中西欧类目	
56	西欧
561	英国
562	爱尔兰
563	荷兰
564	比利时
…	…

标引的类号为 I560.4。若不加“0”，类号为 I564，代表比利时文学，产生异书同号现象。因“56 西欧”地区的这个上位类号码下，已划分出所包含的国家类目，且采用的层累制，表现形式体现在“56”后面已加上一位数字，如果还要对“56”再依据其他标准进行细分，也就是要在“56”后面再加上一位数字，这样产生出来的新类必然会与已划分出的国家类目相冲突。所以要加“0”，保证新产生出来的类的逻辑性与系统性。

2.3.1.3　中国地区表的使用

①凡主表、专类复分表与总论复分表中注明“依中国地区表分”的，均用本表复分，即将本表的号码加于主表分类号码之后即可。如标引《甘肃省

名胜古迹》，先查阅类目“K928.70 各地名胜古迹汇编”，见以下类目表，依中国地区表分，查得甘肃省的号码为“42”。直接将其加在主类号 K928.70 之后。

K928.7　名胜古迹
K928.70　　各地名胜古迹汇编
　　　　依中国地区表分。

标引的结果为 K928.704.2。

②凡主表、专类复分表、总论复分表中未注明“依中国地区表分”，而需用本表复分时，中国地区号码前需先加中国地区号“2”，并用国家地区区分标识“( )”括起，加在主类号后。如：标引《武汉地铁工程设计》，先查阅类目 U231，见以下类目表。

U231　地下铁路
U231.1　　线路勘测设计
U231.2　　线路构造
U231.3　　施工、改建与扩建
…　　…

U231 类下没有注明“依中国地区表分”，但需要揭示“武汉”这一地区特征，查阅中国地区表，表中湖北省的类号为“63”，再依本表中的专类复分表对各省、自治区及直辖市类目作进一步细分：

1/75 (类目复分仿分规定)
　以下中央直辖市、省、自治区，可依下表分。

1	省（自治区）人民政府所在地
2	各专区、自治州、盟
3	中央直辖市属各区、各地级市
4	各县、县级市
5	各镇、乡、街道

武汉是省（自治区）人民政府所在地，所以取号为“1”，因此，标引的结果为 U231（263.1）。

③在本表所列的中国各地区如再采用其他标准细分时，则必须在地区号码后加“0”，以便与本地区所属的省、直辖市区别开来。如：标引《华东地区的乡镇企业经济》，先查阅类目 F279.27，见以下类目表。

F279.2　中国

F279.27　　地方企业经济

依中国地区表分。

查阅中国地区表，华东地区的类号为“5”，再依地区表中的专类复分表对各省、自治区及直辖市类目作细分。华东地区已采用层累制列举其包含的各省、直辖市的类目（见下表），再依地区中的专类复分表分时，要先加“0”，以便与本地区所属的省、市、县区别开来。

中国地区表中华东地区及其所包含各省类目及类号		对华东地区“5”进一步细分即是在“5”后再加上一位数字	
5	华东地区	5	华东地区
51	上海市	51	
52	山东省	52	
53	江苏省	53	
54	安徽省	54	
55	浙江省	55	
…	…		

可见对“5”细分后产生出来的类目与已建立起的华东地区各省的号码冲突。所以要先加“0”，再细分。《华东地区的乡镇企业经济》标引的结果为 F279.275.05，若不加“0”，类号为 F279.275.5，代表浙江省企业经济，异书同号。

2.3.1.4　国际时代表、中国时代表的使用

① 凡主表中已注明“依国际时代表分”或“依中国时代表分”时，可直接使用进行复分，组号方法：直接将有关复分号加在主类号后。

如要标引《世界现代经济史》一书，先查阅世界经济史的类号为 F119，见以下类目表。

F11　世界经济、国际经济关系
F119　世界经济史
依国际时代表分。

再按注释在国际时代表中查阅现代的类号为“5”，加在主类号即可，标引结果为 F119.5。

② 凡类目表中未注明依时代表分，需要依本表复分时，须在复分号码前加上时代区分号“=”。

如要标引《现代水利工程施工技术》，查阅类目表中，水利工程施工的类号为 TV5。

TV5　水利工程施工
一般水利工程施工技术入此。
TV51　施工计划和管理
TV52　施工技术
TV53　施工机械与设备
…　…

在 TV5 类下未注明依时代表分，所以要在现代的类号为“5”之前用时代区分号“=”区分。标引结果为 TV5=5。

③ 若类表中已具有时代含义的类目，不能再使用该表揭示时代特征。从以下类目可以看出，已具有明确的时代含义。

J292.2　碑帖、书法作品：按时代分
J292.22　秦、汉书法
J292.23　魏、晋、南北朝书法
J292.24　隋、唐书法
J292.25　宋、元书法
J292.26　明、清书法
…　…

标引《宋元书法》一书，其类号为 J292.25。不能采用中国时代表中宋元的类号复分。

2.3.1.5 世界种族与民族表、中国民族表的使用

① 凡主表注明“依世界种族与民族表分”或“依中国民族表分”时，可直接使用本表复分，组号方法：将有关复分号加在主类号之后。

标引《爱斯基摩人民族心理》，首先查得民族心理的类号为 C955，再依世界种族与民族表分，爱斯基摩人的类号为“712.5”。

C95 民族学

C955 民族性、民族心理

依世界种族与民族表分。

标引结果为 C955.712.5。

② 若主表中未注明“依世界种族与民族表分”时，需依本表复分的，将有关复分号用民族区分号“”引起，加在主类号之后。

③ 若主表中未注明“依中国民族表分”时，需依该表复分的，须先在民族复分号前加中国代号“2”，再用民族区分号“”引起，加在主类号之后。

标引《白族扎染艺术》，查阅类表印染的类号为 J523.2，其类号下未注明“依中国民族表分”，白族在中国地区表中的类号为“52”。要在此类号前加上中国的代号“2”。标引的结果为 J523.2“252”

J523 织染、服装、刺绣工艺美术

J523.2 印染

2.3.1.6 通用时间、地点和环境、人员表的使用

本表主要用于资料的复分。使用本表时，需要将该表的复分号码用“<>”括起，加在主类号后。

2.3.2 《中图法》的专类复分表

2.3.2.1 专类复分表的形式

专类复分表的标记符号采用阿拉伯数字，自然科学的专类复分号前一律冠有“0”，专类复分表的两侧用竖线标记，以示醒目。如：G82/89 专类复分表就是供各项体育运动类目进一步细分使用的。

G82/89 各项体育运动

均可依下表分。

1	理论、方法
14	体育运动基础科学
19	基本技术、基本战术
2	教学、训练
3	科学研究
4	规则、裁判法
5	场地器材设备
6	体育组织
7	运动会、运动比赛
……	

下表则是自然科学的专类复分表的例子，其号码前均冠“0”。

S5/59 临床各科

除R73外，均可依下表分。

01	预防、控制和卫生
02	病理学、病因学
03	医学微生物学、医学免疫学
04	诊断学
05	治疗学
06	并发症
07	预后
08	诊疗器械、用具
09	康复
…	…

2.3.2.2 利用专类复分表时应注意的问题

① 按规定的范围使用：只限在注释规定的范围内使用。

② 按规定的次序使用：严格按注释规定的复分次序复分。

③ 注意复分中的加“0”问题。

主表中社会科学各类，凡属上位类依专类复分表复分的，应在复分子目号码前面加“0”。本规定仅限于严格采用层累制编号的类目。如要标引《中国石刻文物目录》，首先在类表中查找石刻的类号为“K877.4”，见以下类目表。

K877.2　金石文

K877.4　石刻

K877.41　　石鼓

K877.42　　碑碣（碑文）

K877.43　　石经

…　　…

再依 K87/879.49 专类复分表分。由于石刻是上位类，下位类展开严格采用层累制，所以要在复分子目“1”前加“0”，标引结果为 K877.401。若不加“0”，取类号 K877.41，为石鼓的类号，则出现异书同号。

K87/879.49（类目复分仿分规定）

如有必要均可依下表分。

1	文物目录
2	文物图录
3	文字、铭刻
4	题跋、考订、研究
…	…

但上位类若展开下位类时，没有采用层累制，在依专类复分表复分时，复分子目号码前面不加“0”。如要标引《中国金石文目录》，首先在类表中查找金石文的类号为“K877.2”，其下位类为“K877.3 金文”、“K877.4 石刻”，见以下类目。

K877.2　金石文

K877.3　　金文
K877.4　　石刻

可见金石文的下位类采用借上级类类号的方式展开的，故不需加“0”。标引的结果为 K877.21(“1”为专类复分表中文物目录的号码)。

④自然科学各类的专类复分表，在号码配置时已在专类复分表号码前冠有“0”，在依这些专类复分表复分时，不需要加“0”。

2.3.3 《中图法》的类目仿分

2.3.3.1 类目仿分的形式

① 仿邻近类目分。指一组相邻的相似类目需要按相同标准展开时，一般将在前的类目详细展开，后面的类目不再编列子目，在需要细分时仿照已展开的子目细分的形式。见以下两组类目，在 K82 下详细展开，各国人物传记 K833/837 仿中国人物传记分。

K82　　中国人物传记
K82-6　　参考工具书
K820　　人物总传：按时代分
K820.8　　人物总传：按地区分
K820.9　　氏族谱系
K825　　人物传记：按学科分
K81　　传记
K833/837　　各国人物传记
依世界地区表分，再仿 K82 分。

② 仿总论性类目分。专论性类目仿照总论性类目的划分标准细分，称为仿总论性类目分。它是将总论性类目的分法作用与性质相同的专为论性类目进一步区分的依据。《中图法》的总论性类目一般用“一般性问题”、“理论”、“通论”、“世界”等方式编列。见以下两组类目，在“K20 中国通史”下详细展开子目，K21/27 中国各代史均可仿 K20 分。

K2　中国史
K20　　通史

K201 革命史
K203 文化史
K204 古代史籍
K205 历史事件
K206 史料
K207 研究、考订、评论
… …

K21/27 中国各代史
均可仿 K20 分，仿分时一律冠“0”。

2.3.3.2 类目仿分的要点

① 按规定的范围使用：只限在注释规定的范围内使用。

② 按规定的次序使用：严格按注释规定的复分次序复分。

③ 注意配号的转换。

当被仿分的是用“/”号连接，且采用借号编号时，部分类目将涉及配号的转换问题。如：

K811 世界人物传记
K815 人物总传：按学科分
仿 K825.1/828 分。

K825 人物传记：按学科分
K825.1 哲学、社会科学
K825.19 法律 —— 借下级类类号
K825.2 军事
K825.3 经济
K825.4 文化、教育、体育
K825.5 语言、文字
K825.6 文学
K825.7 艺术
K825.8 历史、地理

K826.1 自然科学、工程技术
K826.2 医学、卫生
K826.3 农业、林业、畜牧业、渔业
——借同级类类号

K827 社会政治人物
K828 社会各界人物
——借上级类类号

即K815在展开子目时采用与K825.1/828相同的标准与方法。标引《世界农业科学家传》，仿照K825.1/828，中国农业科学家传的类号为K826.3，借用K826的下位类K826.3，标引世界农业科学家传时，也要借号K816的下位类K816.3，标引结果为K816.3。

④ 注意越级仿分的问题。

在标引工作，根据文献实际论述的主题不需要按类目注释要求依次进行仿分（即文献中没有论述要按注释要求依次仿分的主题)，当跨越规定的某一层次，再继续依其他标准复分或仿分时，须在该复分号或仿分号前加“0”，以保证类目展开的逻辑次序。

E27 各种武装力量（各军、兵种）

E271/277 各军兵种

先仿E270分，再依下表分。例：中国步兵连的进攻与防御为E271.164.1；中国步兵的战斗保障为E271.106；中国陆军集团军战例为E271.019；中国陆军战例为E271.009。

1 司令部工作
18 政治工作
19 后方勤务
2 条令
3 教育、训练
4 战术
41 进攻与防御
43 特种战术
… …

E27 各种武装力量（各军、兵种）
E271 陆军
E271.1 步兵
E271.2 骑兵
E271.3 坦克兵、装甲兵
E271.4 炮兵

E270 合成军
E270.1 方面军、集团军
E270.2 军
E270.3 师、旅
E270.4 团
E270.5 营
E270.6 连
… …

标引《中国步兵连的进攻与防御》，查阅类表中国步兵的类号为“E271.1”，先仿E270分，取连的号码“6”，再依专类复分表分，进攻与防御的类号为“41”。标引结果为E271.164.1。

标引《中国步兵的战斗保障》，已查得中国步兵的类号为“E271.1”，文献没有论述E270类的内容，即越级E270，所以要在加专类复分表战斗保障的子目“6”前加“0”。标引结果为E271.106。不加“0”，则为E E271.16，指的是中国步兵连。

标引《中国陆军战术》，查阅类表中国陆军的类号为“E271”，是上位类，其下位采用层累制列举方式，而文献中也没有论述E270类的内容，即越级E270，需要在复分号前加上两个“0”，标引的结果为E271.004。若只加一个“0”，E271.04指的是中国陆军团。

⑤ 仿“一般性问题”分。

主表中的类目凡仿“一般性问题分”时，一般要在仿分号前加“0”。

TM3 电机
TM30 一般性问题
TM301 电机原理
TM302 电机设计、制图
TM303 电机结构及部件
[TM304] 电机材料
TM305 电机制造工艺及设备
… …

TM31/38 各种电机
可仿TM30分。
TM31/38 各种电机
TM31 发电机、大型发电机组(总论)
TM32 电动机（总论）
TM33/38 各种电机
TM33 直流电机
TM34 交流电机
… …

标引《交流电机原理》，查阅类表交流电机的类号为“TM34”，仿 TM30 分，取原理的号码“1”，在该号码前加“0”，标引结果为 TM340.1。

一般性问题在以下两种情况下不加“0”：

第一，如果是“一般性问题”仿“一般性问题”分（实际就是临近类目仿分），不加“0”。

TG25　铸铁件铸造
TG250　　一般性问题
TG250.1　　铸造理论
TG250.2　　熔炼
TG250.3　　浇注
TG250.6　　铸件的缺陷原因及缺陷预防
…　　…

TG26　钢件铸造
TG260　一般性问题
仿 TG250 分。

钢件铸造类目 TG260 为“一般性问题”，其注释“仿 TG250 分”，TG250 为铸铁件铸造的“一般性问题”类目，所以是一个“一般性问题”仿“一般性问题”分的仿分类型，相当于邻近类目仿分，不加“0”。

标引《钢件铸造的浇注》，直接在 TG260 后面加上仿分子目“3”即可，标引的结果为 TG260.3。

第二，类目表中有关类目仿“一般性问题”所属子目分时，不加“0”，直接将仿分号码加在有关类目之后。

TS192　练漂
TS192.7　各种纤维及其制品的练漂仿 TS190.6 分。

TS190　一般性问题
TS190.6　各种纤维及其制品的染整
TS190.62　散纤维、纤维条及纤维卷的染整
TS190.63　纱线染整
TS190.64　机织物染整
TS190.65　针织物染整
…　　…

TS190.6是TS190一般性问题的子目，TS192.7仿TS190.6分，是仿一般性问题的子目分，而不是仿“TS190一般性问题”整个类目分，不加“0”。标引《针织物练漂》，直接在TS192.7后面加上仿分子目号“5”，标引结果为TS192.75。

⑥ 复分依据的转换。

某些类目凡属各国仿中国分，又涉及时代属性的，应同时将“依中国时代表分”，改换成“依国际时代表分”。见以下两组类目。

K833/837　各国人物传记

依世界地区表分，再仿K82分。

K825　人物传记：按学科分

K825.1/828　（特殊分类规定）

如有必要，可依中国时代表分，并用“=”加以标示。

如标引《纵横捭阖：基辛格传》，在各国人物传K833/837，依世界地区表分，美国的类号为“712”，美国人物传记为K837.12，仿K82分的政治人物传，标引结果为K837.127，需要依国际时代表分，取号为“6”。标引结果为K837.127=6。

本章习题

（1）象形拳动作图解
（2）自由体操运动器材
（3）中国民族器乐教学法
（4）古筝教学法
（5）汽车变速器设计
（6）地中海考察资料汇编
（7）斯皮尔伯格：一个新好莱坞电影人的传奇
（8）德伯家的苔丝
（9）泰戈尔的诗（印度）泰戈尔著

(10) 唐诗三百首
(11) 21 世纪美国高等教育政策
(12) 德国巴伐利亚州教育制度
(13) 音乐辞典
(14) 汉语大辞典
(15) 自然科学百科全书
(16) 中国古代工艺美术史
(17) 基辛格传
(18) 切碎机制造标准
(19) 三国历史事件
(20) 魏史料
(21) 中国石刻目录
(22) 中国碑文
(23) 中国石窟寺调查发掘报告
(24) 麦积山石窟
(25) 世界电子科学发明家传
(26) 世界电影大师传
(27) 中国炮兵连的战斗保障
(28) 中国炮兵战斗保障
(29) 中国炮兵连
(30) 中国空军战斗保障
(31) 中国陆军战史
(32) 中国陆军单兵
(33) 中国武警连队的思想建设
(34) 电子数字计算机基本电路性能分析
(35) 电子数字计算机逻辑电路的性能分析
(36) 变流器的维护
(37) 汉剧表演艺术
(38) 地方剧导演艺术
(39) 京剧艺术
(40) 朝鲜报告文学
(41) 北朝鲜文学

（42）西欧诗歌评论
（43）北美现代文学史
（44）石雕塑像
（45）钢筋混凝土铁路斜拉桥
（46）气体燃料内燃机点火系统
（47）气体燃料内燃机润滑系统
（48）四川少数民族（提示：K28.）
（49）世界现代政治人物传
（50）日本经济

第3章 《中图法》电子版与网络版的使用

《中图法》电子版是在《中图法》(第四版）机读数据库基础上，由《中图法》编委会和北京丹诚软件有限责任公司共同开发研制而成的一部利用计算机技术实现多功能检索和多窗口显示的电子分类法，已于2001年6月由北京图书馆出版社正式出版发行，是我国自行研制、开发并正式出版的第一部大型综合性电子分类法，其问世是我国分类法研究和应用的一个里程碑，标志着我国文献分类法开始从传统的印刷型分类法迈向电子分类法的新阶段。其主要特点是：完整的数据格式，方便的浏览功能，完备的检索与统计功能，通用的编目接口，实用的评注功能，各种方便用户的措施，为主题检索留有余地。

《中图法》(第五版）于2010年9月出版，国家图书馆《中图法》编委会着手在《中国分类主题词表》Web版先期成果和研制实践的基础上，成功研制《中图法》（第五版）Web版。其网址将为：http：//clc5. nlc. gov. cn。可提供以下服务与功能：

（1）提供各类知识内容的在线浏览、互动显示和多途径检索服务。

（2）可与多个Web OPAC（联机公共检索目录）连接，提供多库实时检索和学科导航服务。

（3）为标引用户提供利用分类号标引发送服务，把所需分类号粘贴到剪贴板供分类标引系统使用。

（4）为广大读者等各类用户提供评论注释服务。

（5）提供《中图法》（第五版）的实时更新数据服务等。

《中图法》电子版
的结构与使用

3.1 实验目的及要求

（1）熟练掌握《中图法》电子版的使用方法。

通过上机操作练习，熟练掌握《中图法》电子版系统界面的各种操作，如菜单栏、工具栏、类目树框、检索栏、详细窗的操作方法；学会使用电子版窗口调整与切换功能；掌握电子版的检索方法与检索途径。

（2）掌握《中图法》网络版的使用方法。

通过注册试用《中图法》网络版，了解其结构与特点，掌握网络版的使用方法。

3.2 实验内容

（1）上机操作，熟练掌握电子版的操作方法。

（2）使用电子版标引文献。

（3）了解网络版的使用方法。

3.3 实验操作指导

3.3.1 《中图法》电子版的使用

本实验包括以下几个部分：《中图法》电子版系统界面，检索方式，检索方法，使用电子版建立使用本，使用电子版进行标引。

3.3.1.1 电子版系统界面

图 3-1 呈现的是在电子版查看菜单栏中选中“平面布局”后，显示的系统界面。

①检索栏。检索栏包括检索项输入域、检索途径下拉列表、匹配方式下拉列表、打开结果集按钮、检索按钮、高级检索按钮和停止按钮。见图 3-2。

②类目树框。类目树是《中图法》的类目详表，图标左边有“+”或“-”标志的表明它是“未展开”或“已展开”的一个类目。用鼠标左键单击“+”

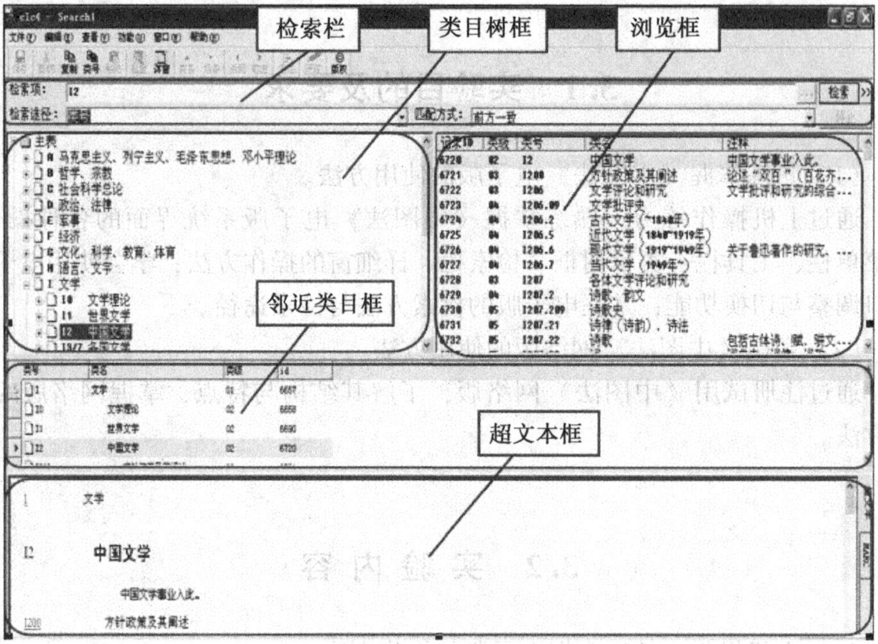

图 3-1　《中图法》电子版界面

图 3-2　《中图法》电子版检索栏

或“-”标志，可以“展开”或“收起”类目的子目。见图 3-3。

③浏览框。浏览框是显示与装载来自检索窗检索结果的窗口，内容包括记录 ID、类级、类号、类名与注释。见图 3-4。

④邻近类目框。显示所查看的类目记录的邻近类目，包括该类目的上位类（用朝上的黄箭头标识）、下位类（用朝下的绿箭头标识）、该类目本身（用红箭头标识）和同位类（无标识）。见图 3-5。

⑤超文本框。在超文本框中，显示的内容分为四个部分：a. 本类目的直接上位类；b. 本类，包括注释（类号为红色）；c. 本类目的直接下位类；d. 综合信息，包括记录控制号、款目类型等。见图 3-6。

3.3.1.2　检索方式

《中图法》（电子版）的检索方式主要有两种：

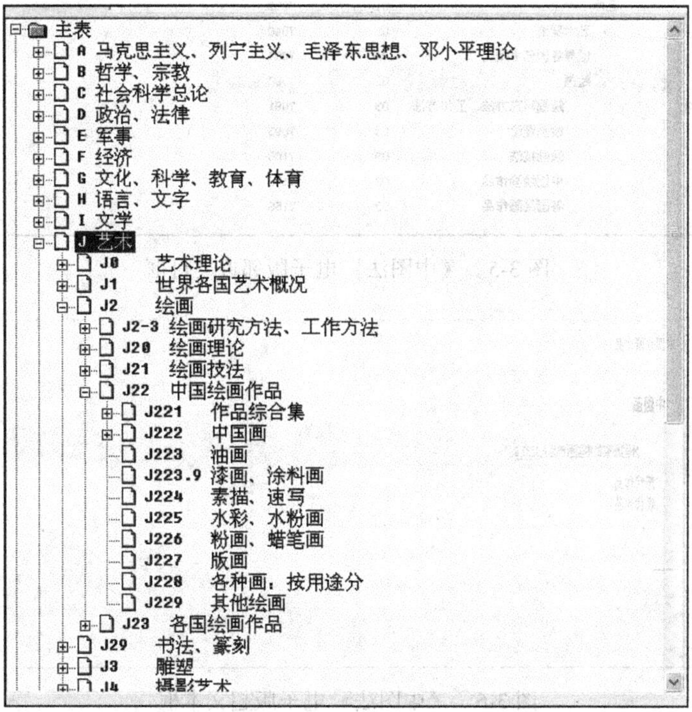

图 3-3 《中图法》电子版类目树框

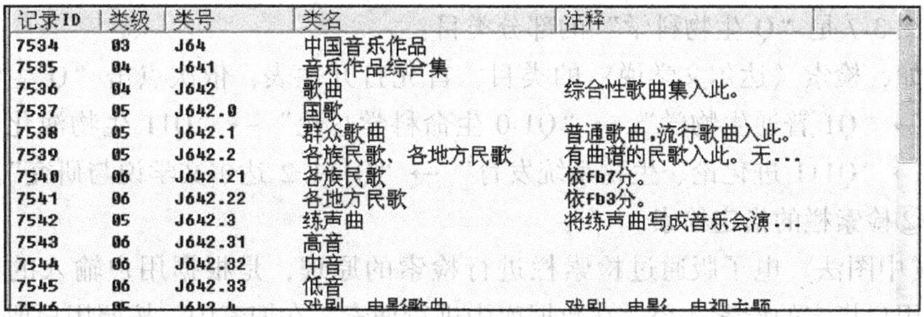

记录ID	类级	类号	类名	注释
7534	03	J64	中国音乐作品	
7535	04	J641	音乐作品综合集	
7536	04	J642	歌曲	综合性歌曲集入此。
7537	05	J642.0	国歌	
7538	05	J642.1	群众歌曲	普通歌曲，流行歌曲入此。
7539	05	J642.2	各族民歌、各地方民歌	有曲谱的民歌入此。无...
7540	06	J642.21	各族民歌	依fb7分。
7541	06	J642.22	各地方民歌	依fb3分。
7542	05	J642.3	练声曲	将练声曲写成音乐会演...
7543	06	J642.31	高音	
7544	06	J642.32	中音	
7545	06	J642.33	低音	
7546	05	J642.4	戏剧、电影歌曲	戏剧、电影、电视主题

图 3-4 《中图法》电子版浏览框

①类目树的浏览检索。

类目树是《中图法》的类目详表，通过类目树框进行浏览检索类似于使用印刷版的《中图法》，但电子版由于以方便快捷的形式展开类目的等级层次，采用超文本链接方式，用户可根据需要逐层展开类目，也可实现信息节点

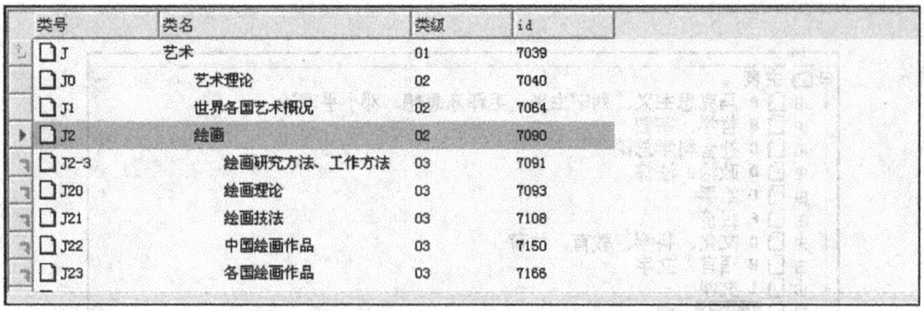

图 3-5 《中图法》电子版邻近类目框

图 3-6 《中图法》电子版超文本框

间的跳转。

图 3-7 是“Q 生物科学”的部分类目：

如，检索《达尔文学说》的类目，首先打开主表，依次点击“Q 生物科学”→“Q1 普通生物学”→“Q1-0 生命科学总论”→“Q11 生物演化与发展”→“Q111 进化论、生物系统发育”→“Q111. 2 达尔文学说与研究”。

②检索栏的指定检索。

《中图法》电子版通过检索栏进行检索的原理，是根据用户输入的检索项、用户指定的检索途径，在数据库中进行搜索。在搜索中，按照用户要求的匹配方式进行匹配运算。

检索栏包括检索项输入域、检索途径下拉列表、匹配方式下拉列表、打开结果集按钮、检索按钮、高级检索按钮和停止按钮。

➢ 检索途径下拉列表：可以选择类号、起止类号、类名、复分表、复分号与复分表、起止复分号与复分表、所属类目路径、类级、类级与类号、类级与起止类号、评注文字、评注 id、记录 id、记录控制号、全部途径。见图 3-8。

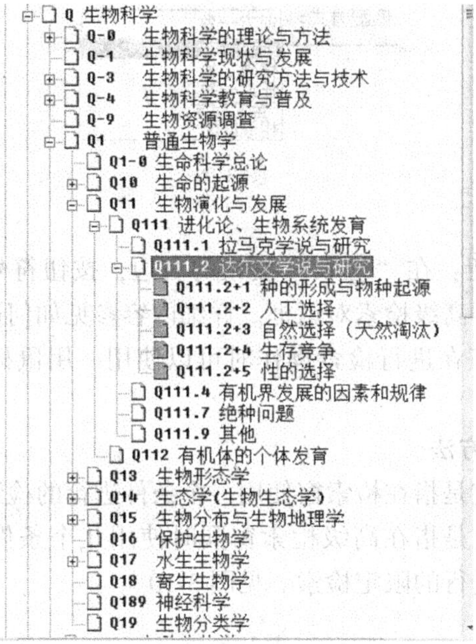

图 3-7 “Q 生物科学”的部分类目表

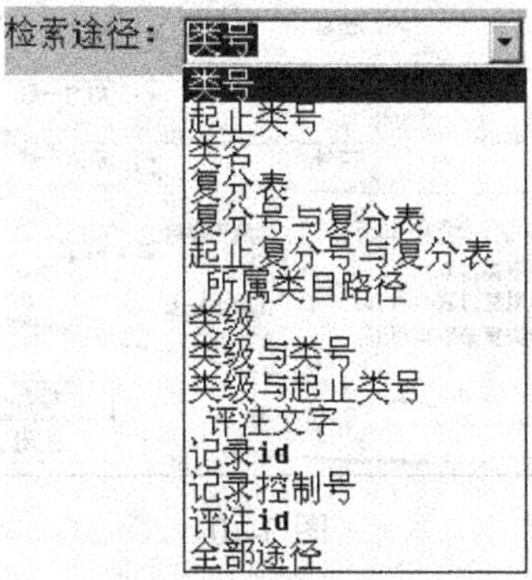

图 3-8

➢ 匹配方式下拉列表：可以选择前方一致、任意一致、精确一致、全文检索、相似匹配。见图 3-9。

➢ 检索项输入域：在这里输入要检索的内容。检索项的内容输入与选用的检索途径和匹配方式相关，详细内容参见检索项输入域和通配符。

➢ 检索按钮：用鼠标左键单击，即开始检索操作。

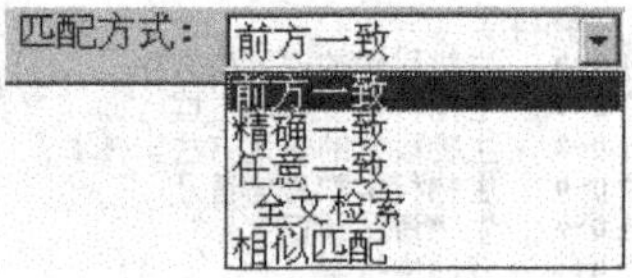

图 3-9

➢ 高级检索按钮：在“检索”按钮的右边，按钮符号为“>>”，用鼠标左键单击，即可打开高级检索对话框。详细内容参见如何进行高级检索。

➢ 停止按钮：正在进行检索操作时可以使用。用鼠标左键单击后，即停止检索操作。

3.3.1.3 检索方法

①简单检索。它是指在检索窗使用一个条件进行的检索。

②高级检索。它是指在高级检索窗同时使用几个条件进行的逻辑组配检索，以及某种条件进行的限定检索。见图 3-10。

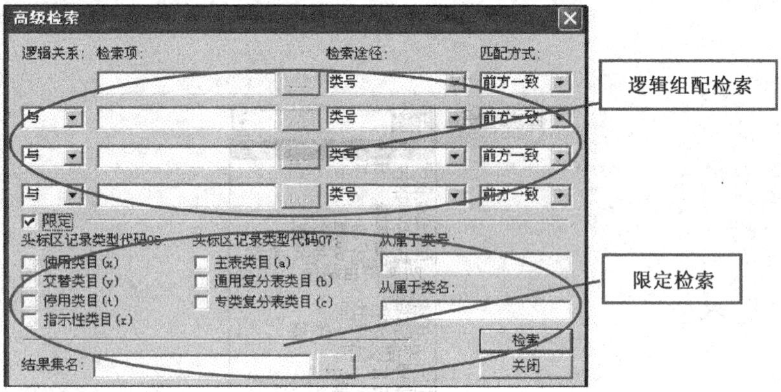

图 3-10

3.3.1.4 电子版“使用本”的建立

图书情报机构根据其文献收藏情况及用户需要，对选用的文献分类法进行适当调整、补充、说明后确定下来的作为分类标引依据的分类法文本，称做分类法的使用本，是类分文献的依据，记载着某馆使用分类法的规定和特殊细节。《中图法》电子版为用户建立使用本以提供相关的功能，即“用户评注”。

建立“用户评注”的方法是：首先将要评注的类目调入详细窗之中，用鼠标左键单击工具栏上的“评注”按钮，或选择功能菜单上的“评注...”命令，出现一个加入评注对话框，在此对话框中加入评注内容后，按回车键或用鼠标左键单击“确定”，就可以把加入的评注内容输入到超文本框中。超文本框中的红色字体即为所加注的评注内容，同时也可在对话框中对评注的内容进行修改。详见图 3-11、图 3-12。

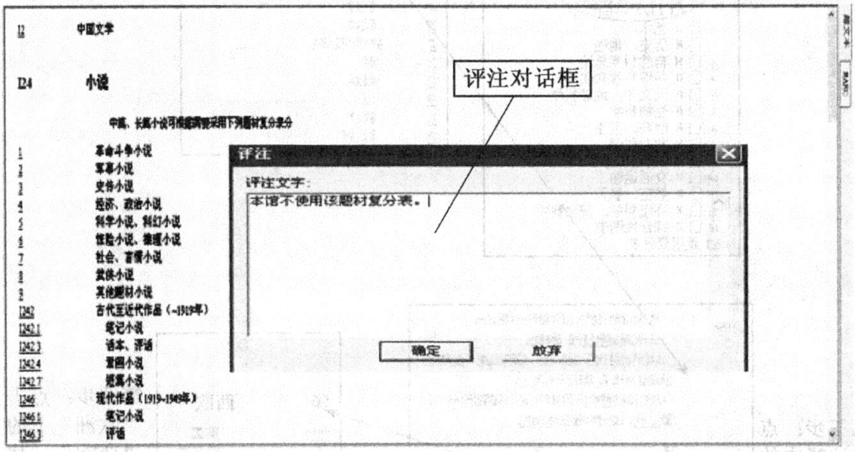

图 3-11

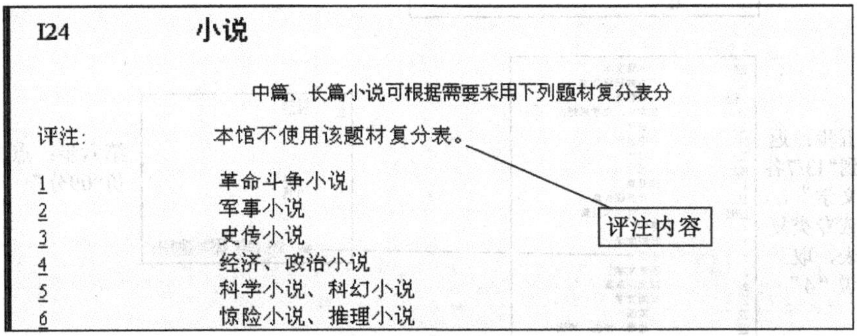

图 3-12

通过对评注的加入与修改，可方便地建立电子版的“使用本”，来保证分类标引工作的一致性、连续性。

3.3.1.5　标引实例

实例一：《悲惨世界》［法国］雨果著

具体步骤见图 3-13 说明，以下各图均为点击后的结果显示图。

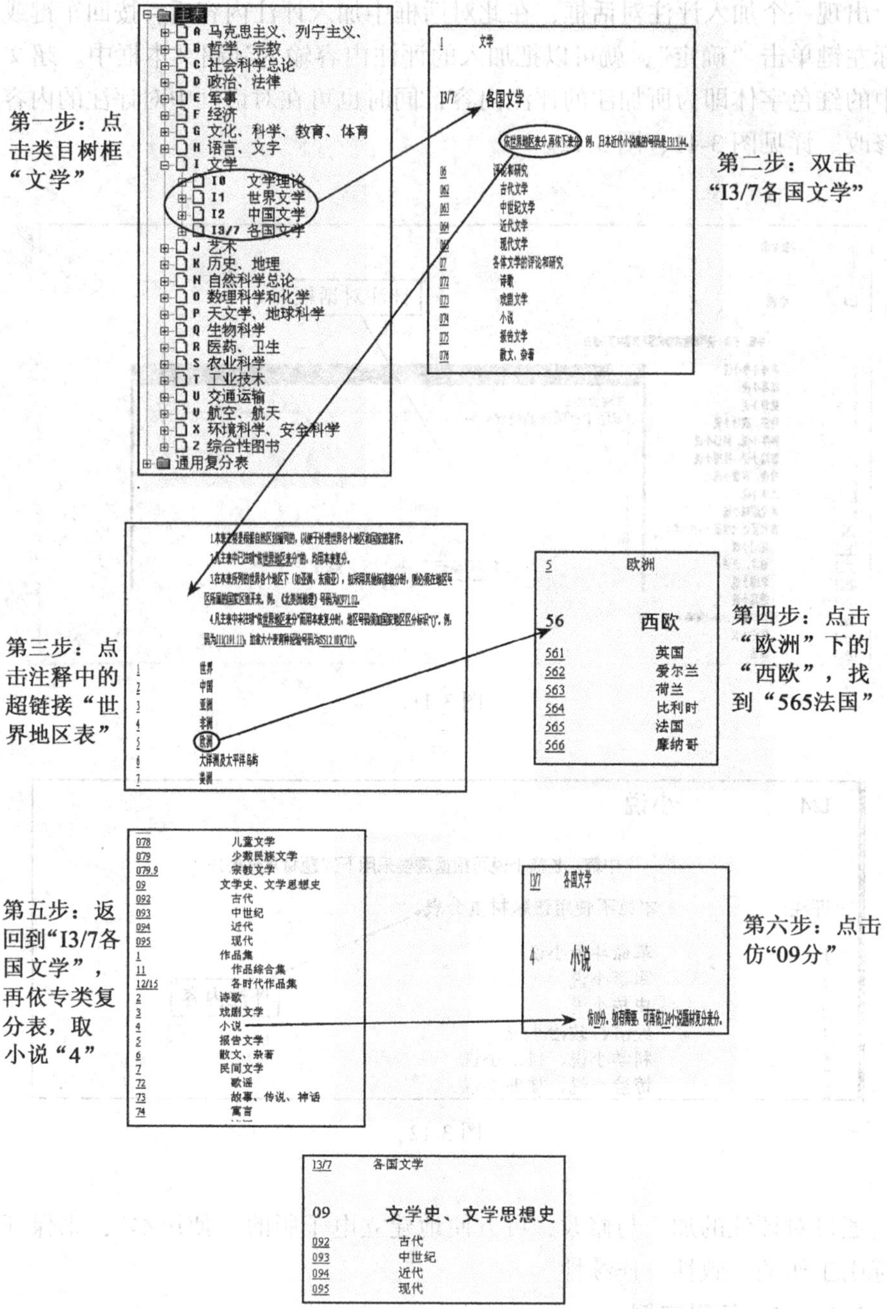

第七步：取近代的类号“4”

图 3-13

因此，标引的结果为：I565.44

实例二：第 29 届夏季奥运会游泳成绩

具体步骤略。依次点击 G→G8→G86→G861→G861.1(游泳)，结果见图 3-14。

图 3-14

第一步：找到游泳类目，其类号为：G861.1。见图 3-15。

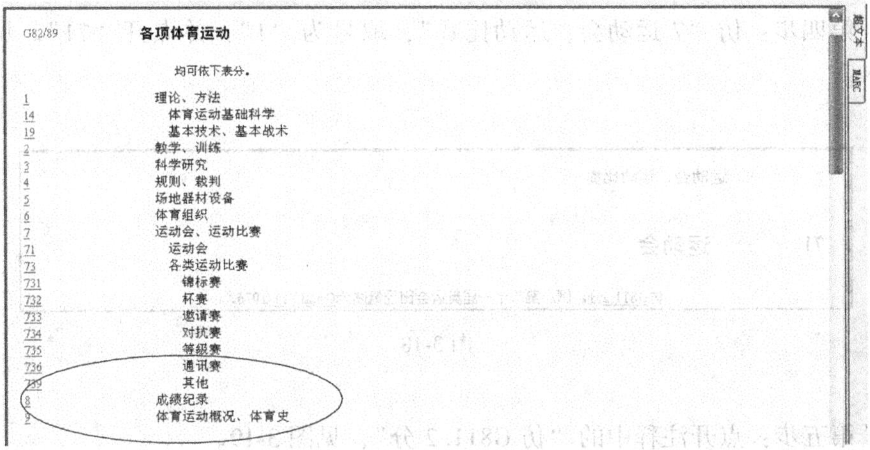

图 3-15

第二步：查阅 G82/89 专类复分表，因游泳为上位类，下位类展开又采用层累制，故先加“0”，再取成绩纪录的类号为“8”。见图 3-16。

第三步：点击“8 成绩纪录”，点击注释中的“可仿本表 7 分”中的超链“7”。见图 3-17。

G82/89　各项体育运动

8　**成绩纪录**

如需细分，可仿本表7分。例：东京奥运会马拉松比赛成绩为G822.881.1/1964。

图 3-16

G82/89　各项体育运动

7　**运动会、运动比赛**

71　运动会
73　各类运动比赛
731　锦标赛
732　杯赛
733　邀请赛
734　对抗赛
735　等级赛
736　通讯赛
739　其他

图 3-17

第四步：仿“7 运动会、运动比赛”，取号为“1”，并点开“71”。见图 3-18。

7　运动会、运动比赛

71　**运动会**

仿G811.2分。例：第二十一届奥运会田径概述为G820.711/1976。

图 3-18

第五步：点开注释中的“仿 G811. 2 分”，见图 3-19。

第六步：取夏季奥林匹克运动会类号为“11”。

因此，标引的结果为：G861. 108. 111。

实例三：《白族印染艺术》

依次点击：J→J5→J52→J523→J523. 2，结果见图 3-20。

点开 J523. 2，显示结果见图 3-21。

根据中国民族表的使用规定，凡主表中未注明“依中国民族表分”，而需

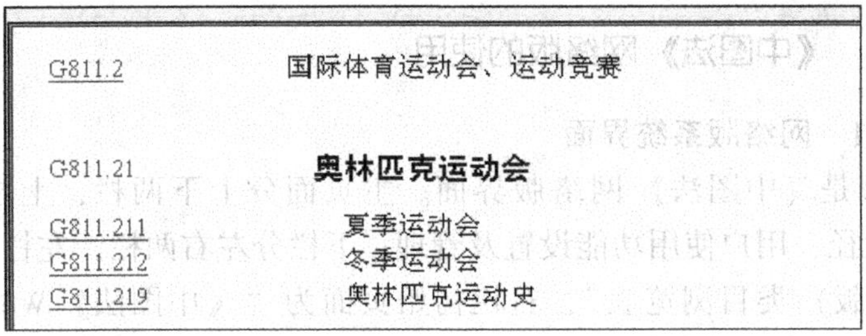

图 3-19

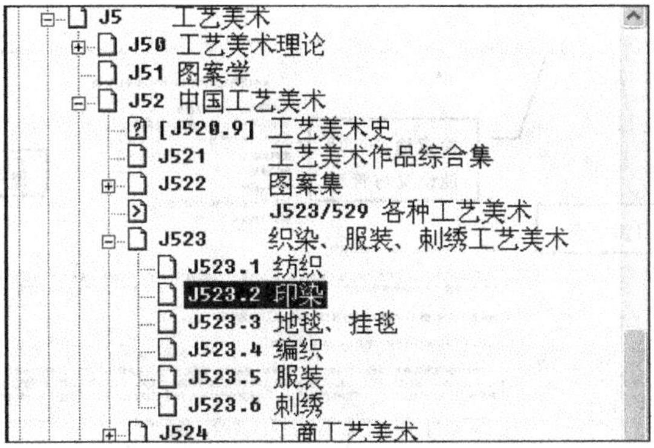

图 3-20

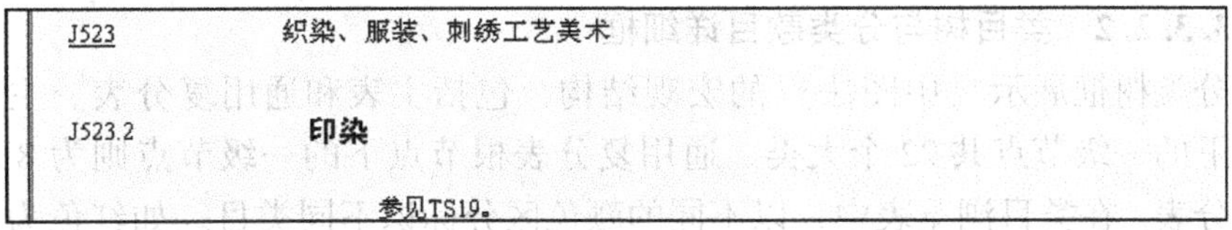

图 3-21

用本表复分时，中国民族号码前需先加中国民族号“2”，并用民族区分标识“”。J523.2 类目下没有“依中国民族表分”的注释，查白族的类号为“52”，故标引结果为：J523.2“252”。

需要注意的是：

①凡是中图法中的所有类号，均可从检索栏中查找。但是若以经过标引人员复分、组配的类号作为检索项，则不会有命中的结果。

②以类名为检索项时，输入必须是有检索意义的内容，否则检索结果没有参考价值。

3.3.2 《中图法》网络版的使用

3.3.2.1 网络版系统界面

图3-22是《中图法》网络版界面。主页面分上下两栏，上栏为《中图法》检索途径、用户使用功能设置及管理；下栏分左右两栏，左栏为“《中图法》（第五版）类目浏览表”，右栏初始页面为“《中图法》Web版使用说明”，选定左栏类目后右栏页面随即显示该类目的详细款目及其在分类法中的位置。

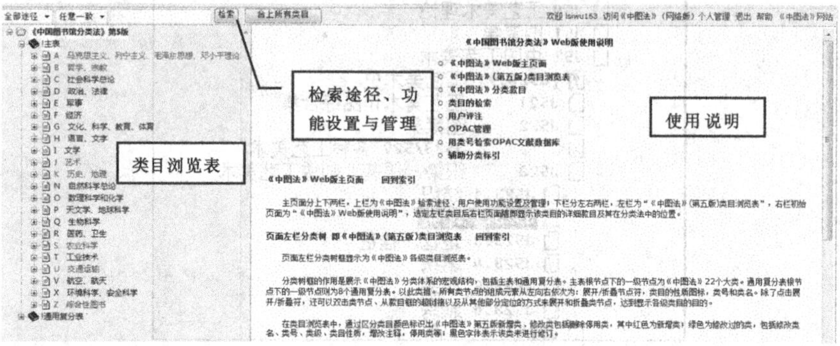

图3-22 《中图法》网络版系统界面

3.3.2.2 类目树与分类款目详细框

分类树框展示《中图法》的宏观结构，包括主表和通用复分表。主表根节点下的一级节点共22个大类。通用复分表根节点下的一级节点则为8个通用复分表。在类目浏览表中，以不同的颜色区分标识不同类目。如红色为新增类；绿色为修改过的类，包括修改类名、类号、类级、类目性质，增改注释，停用类等；黑色字体表示该类未进行修订。

分类款目显示的内容包括类号、类名、类级、类目注释、参照、标引评注和本分类款目的记录控制号（在横线下以大写字母C开头）。见图3-23。

3.3.2.3 复分标记与禁用标记

在浏览表中的类名后，通过标记符①②③④⑤⑥⑦⑧⑨标识出类下无直接复分注释而需复分的类目，用以提示标引人员该类的复分方法与范围，起到增强复分助记、降低复分难度等作用。其中标记符①~⑧分别对应《中图法》第五版的8个通用复分表，⑨对应“专类复分表”或“一般性问题”类或临近仿分类。

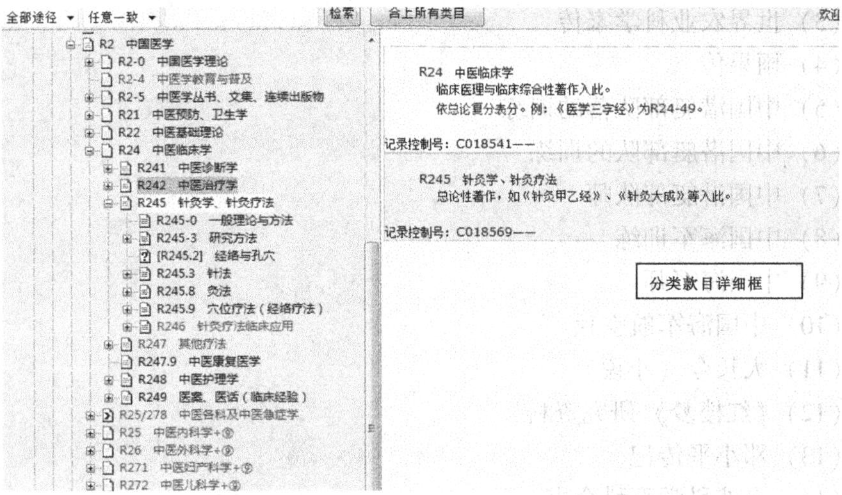

图 3-23 类目树与分类款目详细框

对于只起仿分概括说明、不用于类分文献的“一般性问题”类目的类名后增加了禁用标记符 ¢，提示标引人员避免误标引。

3.3.2.4 不同颜色图标区分类目等级

普通类的类目图标用不同颜色区分等级。1~5 级的图标中不同颜色线条代表类目等级。如 1~2 级红色，3 级黄色、4 级用绿色、5 级用蓝色线条。6 级以下以湖蓝色图标作为标记。

3.3.2.5 其他功能

可使用分类树框中的类目进行 OPAC 检索、添加用户评注及进行辅助标引。光标停留在分类树框的类号或类名时会变成手形，此时点击鼠标右键，从快捷菜单上可选择具体的 OPAC 数据库，系统会用当前类在用户所选的 OPAC 数据库中进行检索，检索结果在新窗口中显示；通过快捷菜单，可为类目撰写特殊规定、使用说明、类目的问题、对类表的意见及建议等评注，评注的查阅和编辑通过“个人管理”进行；还可以选择快捷菜单中的“标引”功能，通过发送分类标引信息辅助计算机编目系统的标引。

本章习题

（1）美国经济史

(2) 世界现代艺术家传
(3) 世界农业科学家传
(4) 雨果传
(5) 中国潜艇部队营的训练
(6) 中国潜艇部队的训练
(7) 中国潜艇部队师
(8) 中国海军训练
(9) 中国海军师
(10) 中国海军航空兵
(11) 大长今（小说）
(12)《红楼梦》研究资料
(13) 邓小平传记
(14) 自然科学百科全书
(15) 互联网技术
(16) 微型计算机存储器的维护
(17) 英国现代经济史
(18) 中国壮族舞蹈
(19) 钢筋混凝土铁路斜拉桥
(20) 中国石刻考古图录
(21) 中国炮兵战术

第4章 《杜威十进分类法》(网络版)与《美国国会图书馆分类法》(网络版)的使用

分类法的网络版，主要是指在互联网上获取、使用、维护的分类法版本。它既不同于光盘版的单机版，也有别于光盘版的网络版（仅能在局域网上使用)。本章主要目的在于通过实验了解与掌握《杜威十进分类法》网络版 WebDewey2. 0 与《美国国会分类法》网络版 Classification Web 的检索和浏览方法。

《杜威十进分类法》(网络版)

《杜威十进分类法》与《美国国会图书馆标题表》

4.1 实验目的及要求

(1) 了解《杜威十进分类法》网络版 WebDewey2. 0 与《美国国会分类法》网络版 Classification Web 的功能与特点。

(2) 通过上机操作练习，熟练掌握 WebDewey2. 0 与 Classification Web 系统界面的各种操作。

(3) 掌握 WebDewey2. 0 与 Classification Web 的浏览、检索方法与途径。

4.2 实验内容

(1) 上机练习 WebDewey2. 0 与 Classification Web 系统界面的各种操作。

(2) 运用 WebDewey2.0 与 Classification Web 进行浏览、检索。

4.3 实验操作指导

4.3.1 WebDewey2.0 的使用

4.3.1.1 WebDewey2.0 的主要特点

DDC 最容易使用的版本是其网络版 WebDewey。WebDewey 于 2000 年正式面世，其 2.0 版于 2011 年发布。主要内容包括：①DDC22 版、23 版的所有内容（含季度更新内容）；②印刷版中没有的相关索引词和组合类号；③DDC 分类号与 LCSH 标题词间的映射（根据联合目录数据库 WorldCat 中的书目记录自动生成，或由 DDC 编辑人员添加）；④DDC 与 MeSH（医学主题词表）、BISAC Subject Headings（书业标准与通信主题词表）间的映射；⑤已建立了映射关系的 LCSH、MeSH、BISAC 术语到主题规范记录的链接。

其主要特点是：

①界面布局简洁清晰，且支持个性化定制（大部分内容框均为可选）。

②浏览功能便捷，可方便地浏览 DDC 类号及类名、相关索引、LCSH 标题词等。

③检索功能多样，支持组配检索、布尔逻辑检索与通配符检索，且检索点众多（含相关索引、用户注释）。

④建立了 DDC 与多部主题词表间的映射关系，从而实现与其他知识组织系统的互操作。

⑤与图书馆 OPAC 系统连接，可一站式检索多个图书馆的书目记录。

⑥设有大量印刷版中所无的组合类号，有助于针对特定主题进行分类标引。

⑦提供英语、法语、德语、瑞典语等多个语种版本，便于各国用户使用。

4.3.1.2 WebDewey2.0 显示记录

①类目记录。

点击任一类号的超链接，即进入类目记录页，见图 4-1。类目记录页主要包括以下部分：类目层级关系显示框、类目注释框、相关索引词框、关联术语框（LCSH、MeSH、BISAC）、其他术语来源框（用于设置上述三个关联术语框的显示与否）、用户注释框。部分类目还设有历史沿革信息框。见图 4-2。

注：点击内容框右上角的叉号，即可关闭此框。用户可通过拖拽内容框调整其所在位置，从而实现多样化的页面布局。前端带有图标的类号为组合类号。

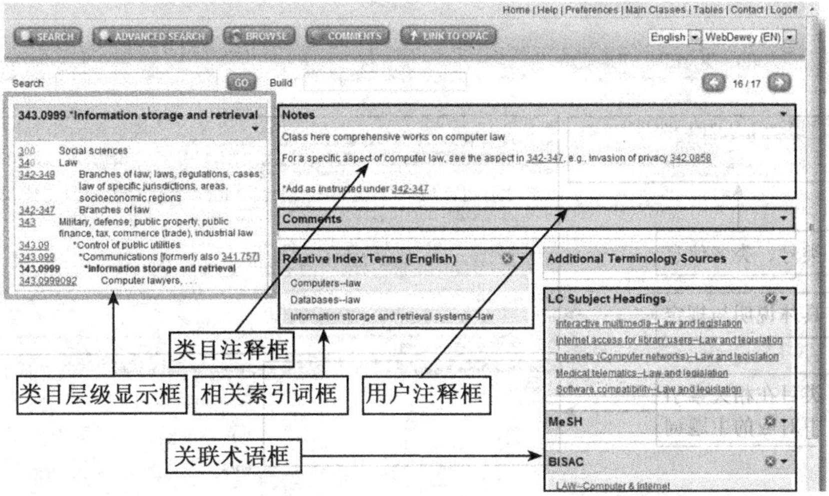

图 4-1 “343.0999 信息存储与检索”类目记录页

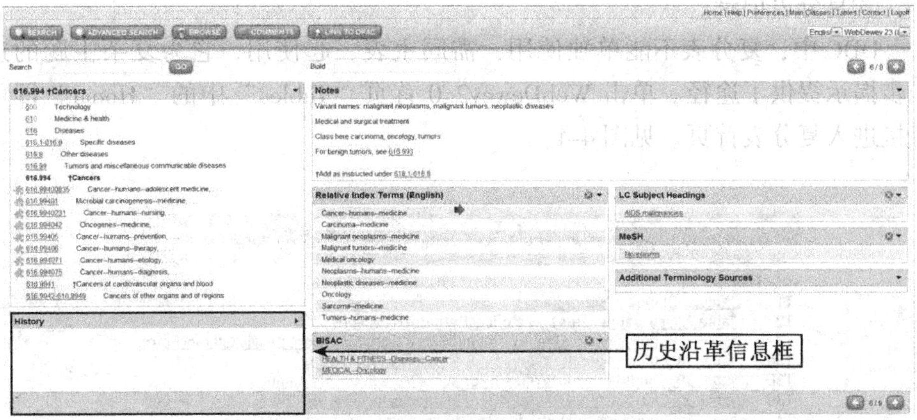

图 4-2 “616.994 各类癌症”类目记录页

②手册注释。

对于不易归类的文献，DDC 通过手册注释（Manual Note）给出了标引建议，指导用户选择最为合适的类目。手册注释用于比较名称相似、主题相近的不同类目，对类目的含义和范围进行解释，并附有相关实例。在检索结果页中，点击类号前带有书本图案的记录便进入手册注释页面，见图 4-3。其左上端为类号和类名信息（有时还置有历史沿革信息框），右侧则包括具体说明与规定、类目在相关索引中对应的主题词等内容。

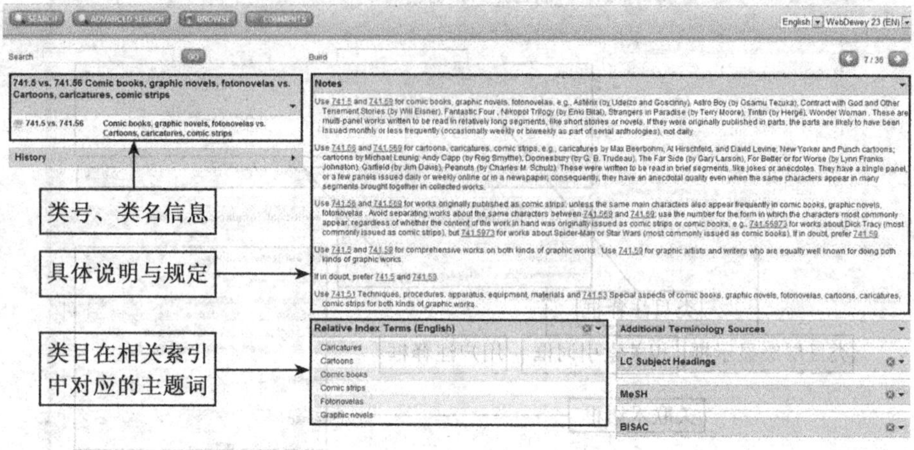

图 4-3　手册注释页面

③复分表记录。

DDC 中，复分表不能单独使用，需同主表一起使用，它为复杂主题的进一步揭示提供了途径。单击 WebDewey2. 0 首页 “Tables” 中的 “Home” 即可直接进入复分表首页。见图 4-4。

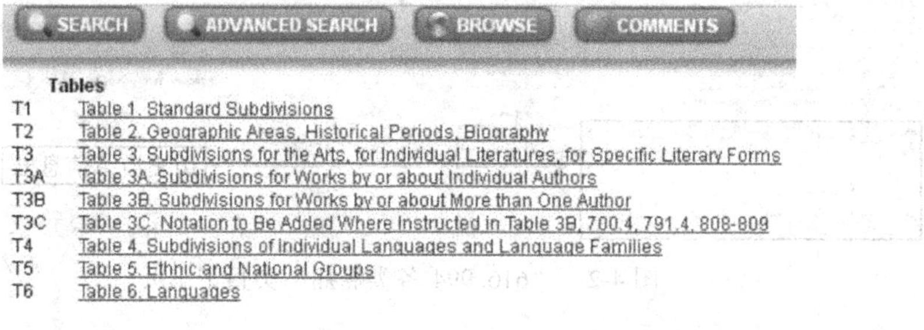

图 4-4　复分表首页

点击复分表标题的超链接可进入复分表记录页。页面主要由以下部分构成：复分表类目层级显示框、使用说明框、用户评注框、相关索引词框、关联术语框和历史沿革信息框。页面结构与类目记录页类似。见图 4-5、图 4-6。

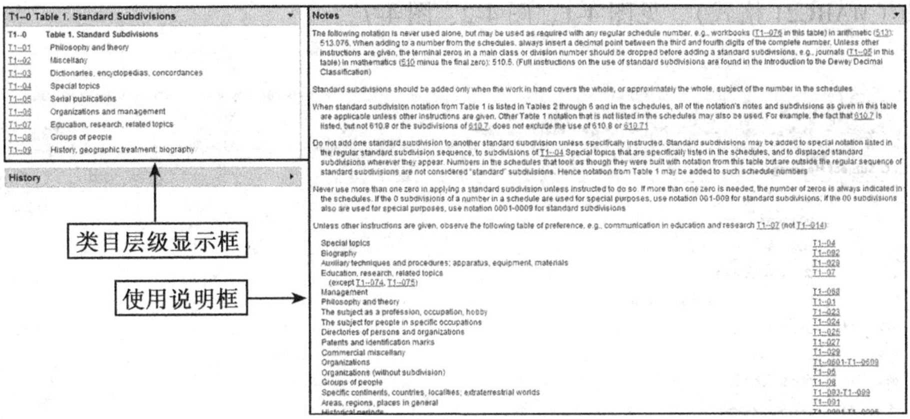

图 4-5 “标准复分表”首页

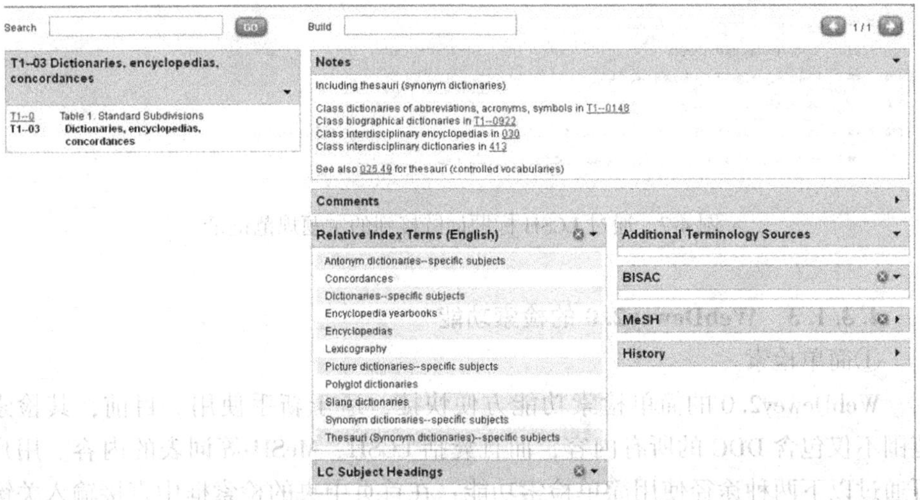

图 4-6 “标准复分表”记录页

④关联术语。

WebDewey2.0 中，DDC 的所有类目记录（包括手册注释）下均列举了其在相关索引中对应的名词术语。此外，绝大多数 DDC 类目均实现了与 LCSH、MeSH、BISAC 的关联，即采用直接映射方法，将分类号与上述标题词表/主题词表中的术语词汇建立对等关系，从而达成知识组织系统的互操作，以提升信息检索的检全率和检准率。类目记录页的关联术语框中列出了词表中与该类存在对等关系的术语。点击框中术语的超链接，可查阅相应的主题规范文档/记录（MARC21 格式）。见图 4-1、图 4-2、图 4-7。

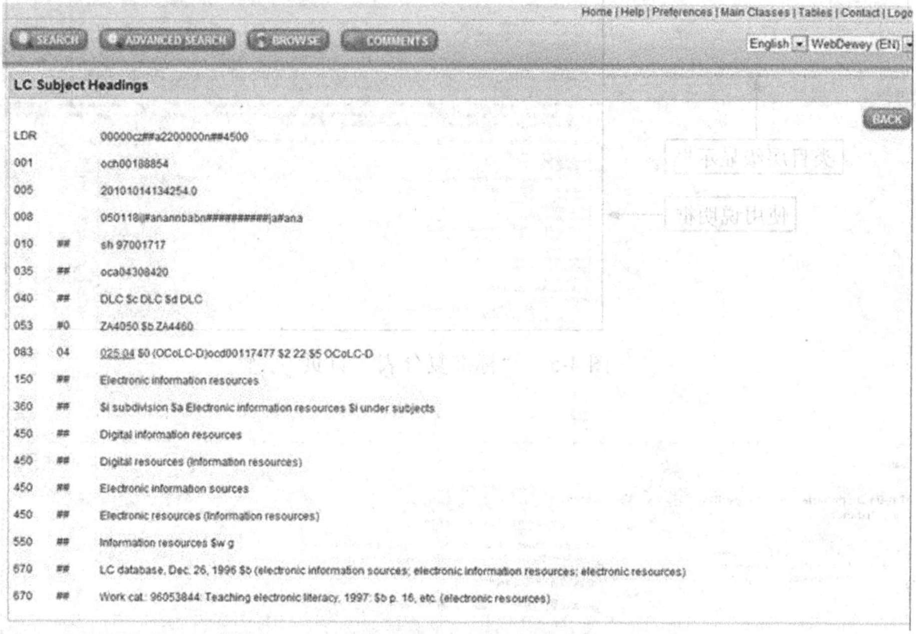

图 4-7 通过 LCSH 标题词链接到的主题规范记录

4.3.1.3 WebDewey2.0 的检索功能

①简单检索。

WebDewey2.0 的简单检索功能方便快捷，适于新手使用。目前，其检索范围不仅包含 DDC 的所有内容，而且囊括 LCSH、MeSH 等词表的内容。用户可通过以下两种途径使用简单检索功能：在首页中央的检索框中直接输入关键词或类号，再点击下方的“Search”（但检索范围仅限于 DDC 的内容）；点击首页左上方的“SEARCH”，进入简单检索界面（见图 4-8）后输入关键词或类号，并选择检索字段，点击“Quick Search”。WebDewey2.0 提供的检索字段共 9 个：所有字段（All Fields）、DDC 类号（Dewey Numbers）、类名（Captions）、注释（Notes）、LCSH 标题词、MESH 主题词、BISAC 主题词、相关索引（Relative Index）、全部 DDC 内容（All Dewey）。检索结果见图 4-9，用户还可自行设置每页显示的记录条数。

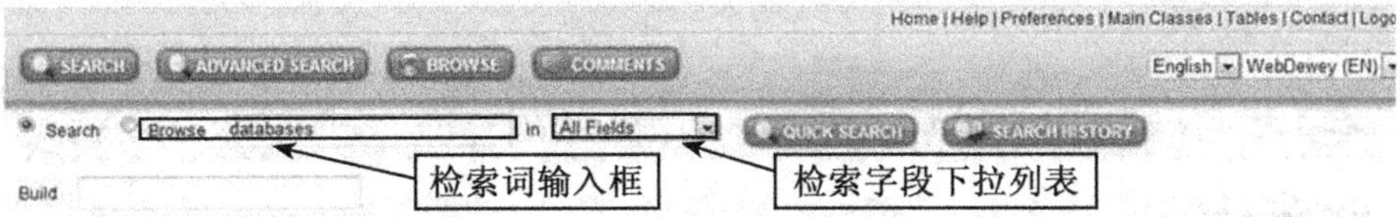

图 4-8　简单检索界面

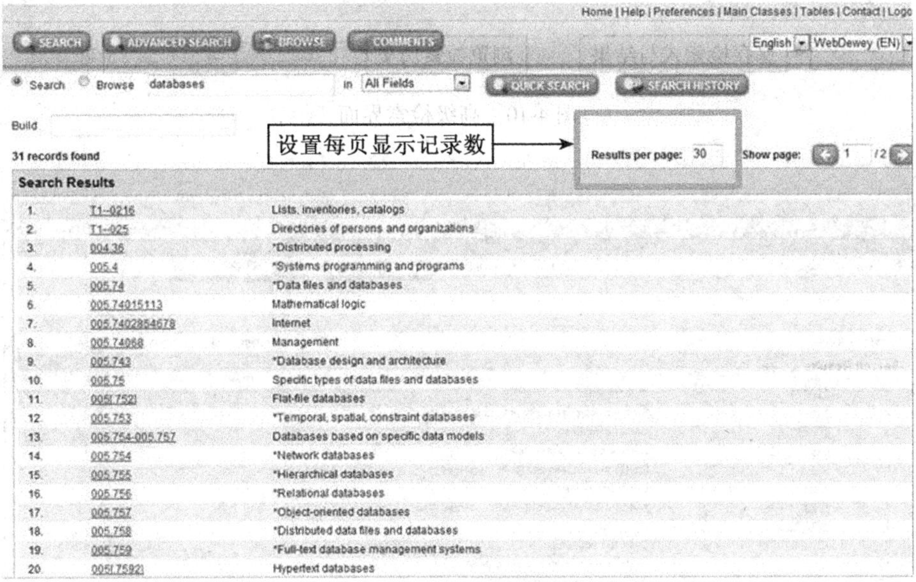

图 4-9　检索结果页

②高级检索。

点击首页左上方的"ADVANCED SEARCH"即进入 WebDewey2.0 的高级检索界面，见图 4-10。高级检索功能的最大特点是支持多字段（至多 5 个字段）的组配检索，并以布尔逻辑运算符 AND、NOT、OR 限定各检索条件之间的关系。例如选择"Captions"和"All Fields"字段，分别输入"celtic"和"religion"，并以 NOT 连接两个检索条件，即可查出类名中包含"celtic"而不包括"religion"的所有类目（见图 4-11）。勾选检索框下方的"Retain Search"可将本次检索采用的检索词（式）及检索结果保存至检索历史中，以备日后查阅、参考。点击"SEARCH HISTORY"即可查看检索历史；其中"REPEAT"和"REVISE"按钮分别用来再次执行原有的检索策略、修改原有的检索条件并重新检索（见图 4-12）。

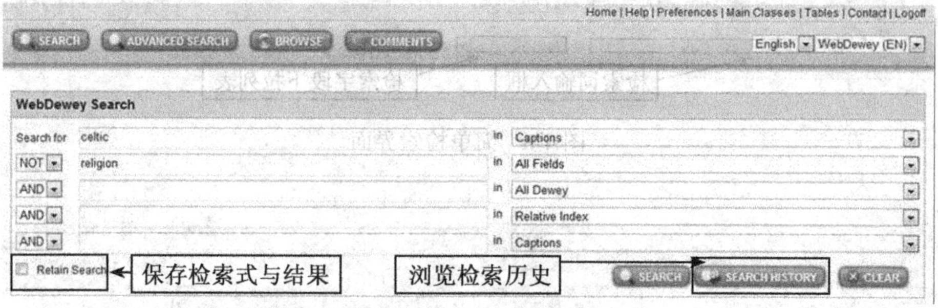

图 4-10 高级检索界面

图 4-11 类名中包含"celtic"而不包括"religion"的类目

注：类号前以 B 标识的记录为最底层类目

需说明的是，WebDewey2.0 还支持通配符检索和词邻近检索，从而进一步提升了系统的完整度与精确度。例如输入"chinc＊"，便可检索出所有以此开头的单词，并显示其所在的类目与类号，这对于并不知晓某词的规范拼写形式的用户而言无疑颇有帮助（见图 4-13）。

4.3.1.4 WebDewey2.0 的浏览功能

①浏览界面。

点击系统首页上端的"BROWSE"即可进入 WebDewey2.0 的浏览界面。

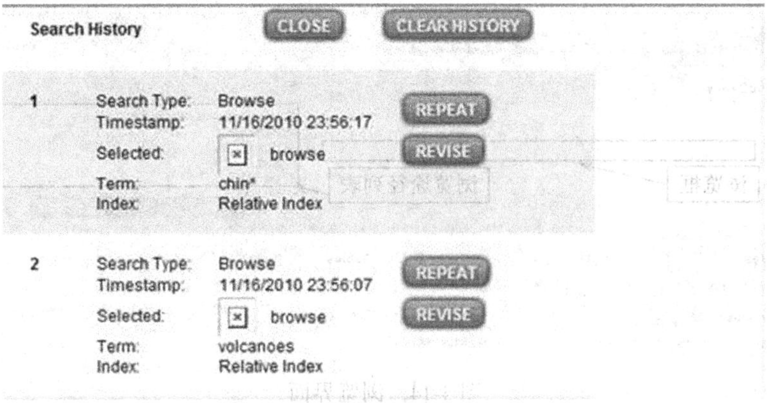

图 4-12 检索历史

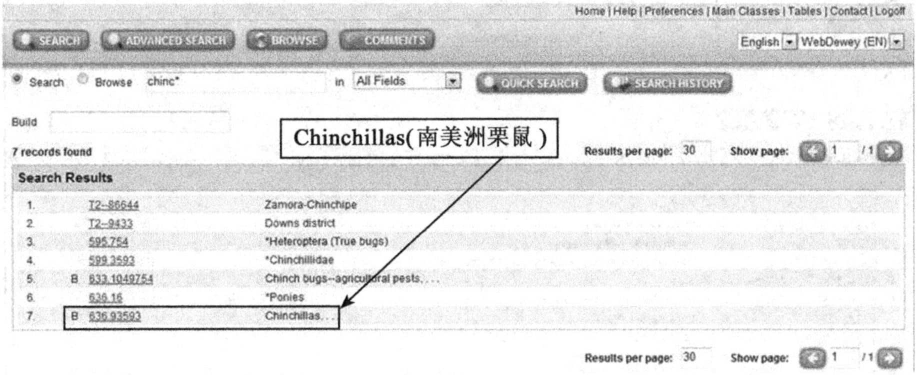

图 4-13 通配符检索的结果

界面主要由浏览框、浏览途径选项列表两部分构成。WebDewey2.0 共提供 DDC 分类号（含类名）、相关索引、LCSH、MeSH、BISAC 五种浏览途径（见图 4-14）。

②浏览途径介绍。

以下兹举二例，对不同的浏览途径加以说明。

例一：在左侧的浏览框中输入类号“633.2”，选择“Dewey Numbers (with Captions)”，点击“Browse”，所得结果见图 4-15。通过此浏览途径，用户可浏览该类号及其邻近类号所对应的类目名称，了解某一领域的知识分类体系。

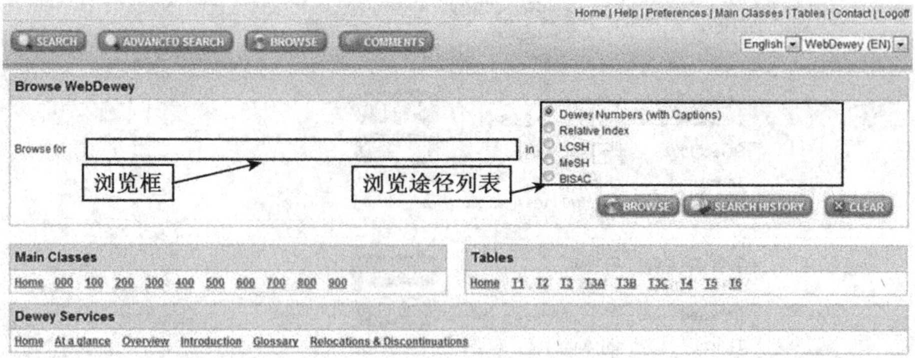

图 4-14 浏览界面

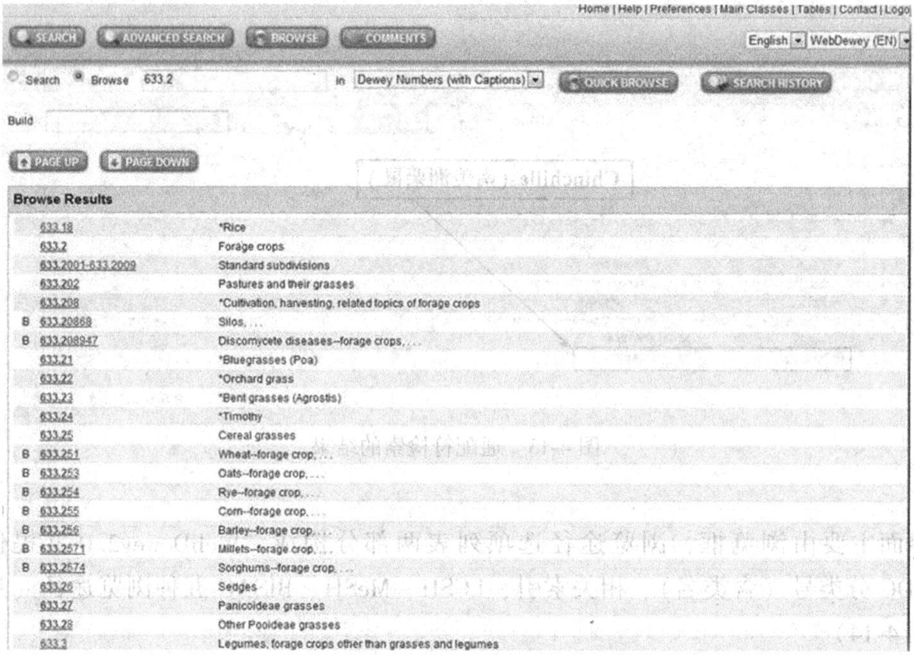

图 4-15 通过 DDC 分类号浏览

例二：在浏览框中输入关键词“databases”，选择“Relative Index”，点击“Browse”，所得结果见图 4-16。通过此浏览途径，用户可迅速知晓该关键词在 DDC 分类表中的所有出现位置，了解涉及某一主题的全部类目。

需说明的是，浏览框中不能含有布尔逻辑运算符和通配符，否则浏览功能

图 4-16　通过相关索引浏览

将无法使用。此外，用户的浏览记录亦可通过单击“SEARCH HISTORY”查看。

除上述的“直接定位”式浏览外，WebDewey2.0 还提供了分类体系的层级浏览功能。其首页下方列出了 DDC 十个大类的链接（点击首页右上角的“Main Classes”后亦能见到）。点击这些链接便可进入各个大类，再点击其子类（二级类）的类名又可查看该子类的下一级类目（三级类）；如此反复，最终呈现出逐层展开的树形结构，见图 4-17、图 4-18。这种浏览方式便于用户直观地把握某个学科领域的体系结构，且在查找特定类目时不易迷航。

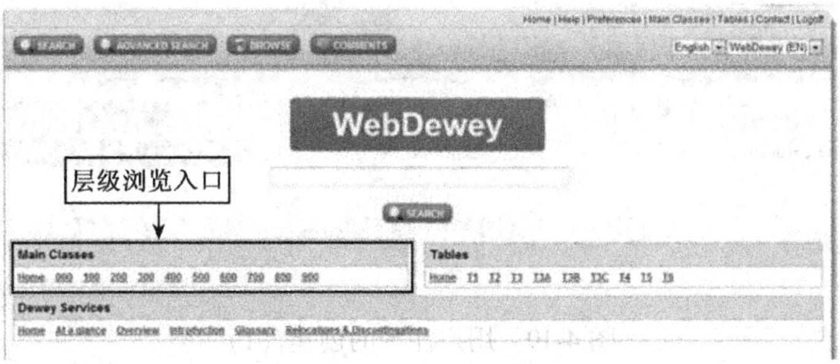

图 4-17　DDC 分类体系的层级浏览入口

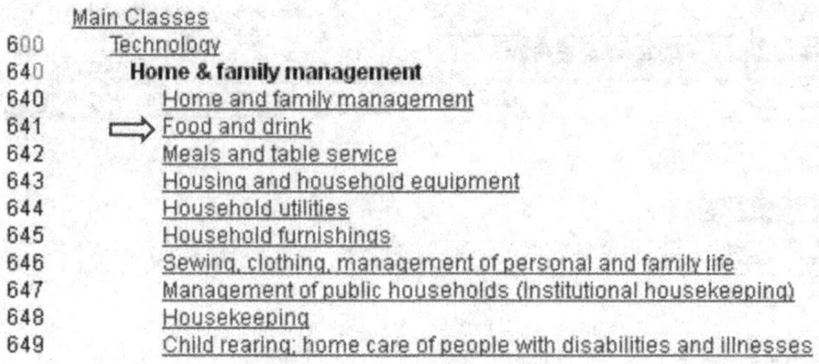

图 4-18　层级浏览结果的显示

4.3.1.5　用户注释的实现

WebDewey2.0 提供用户注释功能，允许用户把自己的注释添加到系统中，以反映出相关机构和个人的分类惯例与特殊规定。同时也有助于 DDC 的管理和维护机构及时掌握用户的使用信息和意见建议。

系统首页左上方的“COMMENTS”即是用户注释页面的入口。页面由上方的“Search”和下方的“Comments”两个子页面组成（见图 4-19）。在上方的检索框中输入关键词，点击右侧的“Search”即能实现对用户注释内容的检索，并借此查看用户曾添加过的注释记录。下方的文本框则是编辑用户注释之处，点击“New Comment”即可新创建一则注释，其中“Type of Comment”（注释类型）、“Title”（注释标题）和“Comment”（注释内容）为必填项（见图 4-20）。编辑完成后，点击“Save”便成功保存了注释。

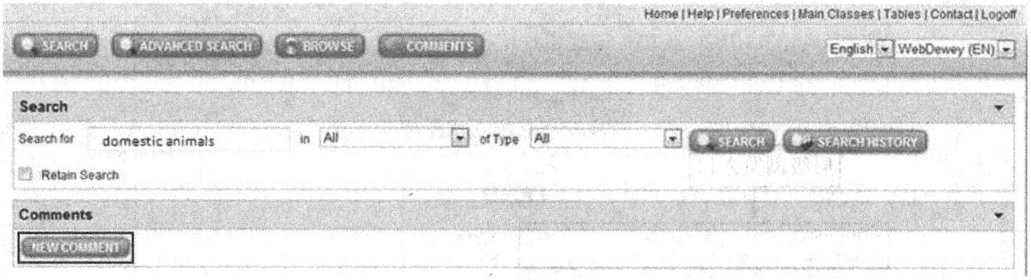

图 4-19　用户注释的创建（1）

一旦注释添加成功，用户便可在对应的类目记录页（由“DDC#”确定，

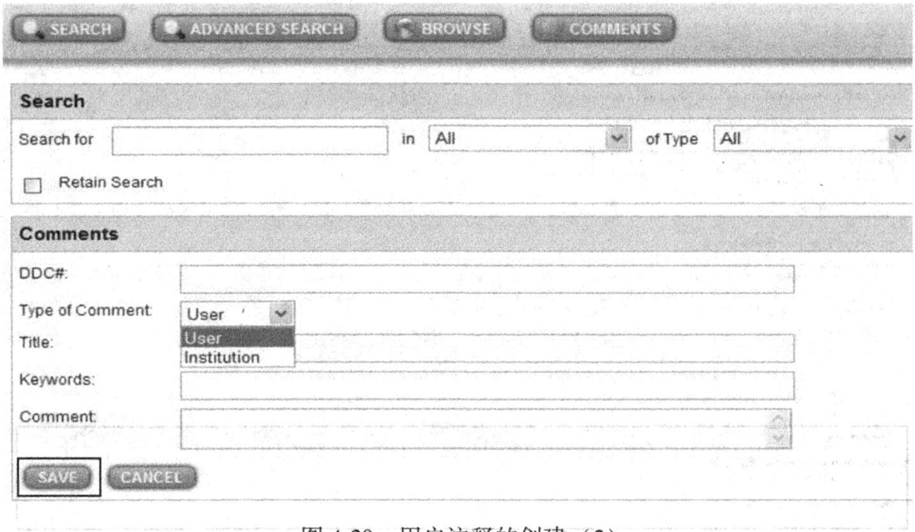

图 4-20 用户注释的创建（2）

系统自动生成）中的“Comments”框内，点击“EDIT”查看注释内容，并可根据需要予以修改或删除。点击注释内容下方的“EDIT”、“DERIVE”和“DELETE”按钮可分别实现修改该评注、增加新评注、删除该评注的功能。见图 4-21、图 4-22。

4. 3. 2 Classification Web 的使用

Classification Web（简称 Class Web）是美国国会图书馆于 2001 年推出的 LCC 网络版，它实现了国会分类法与标题法的兼容，使用户在检索分类号外还可查看与该分类号相对应的标题间的关系，有助于用户了解国会图书馆知识分类系统构架。该网站由国会图书馆每周对其进行更新，用户可获取最新版的国会图书馆分类法数据库。

4. 3. 2. 1 Classification Web 的浏览与导航功能

①页面显示设置。

在浏览器地址栏输入 http：//classificationweb. net 则进入国会图书馆分类法网站首页，注册并获取权限登录主页。单击主菜单，页面显示见图 4-23。

②分类法类目记录中链接字母的功能介绍。

以 BJ10. A-Z（国际社会与运动）类为例加以说明，如图 4-24 所示，在 Class Web 中主表或复分表类目后均有“［ ］”括号，括号中为大写英文字母

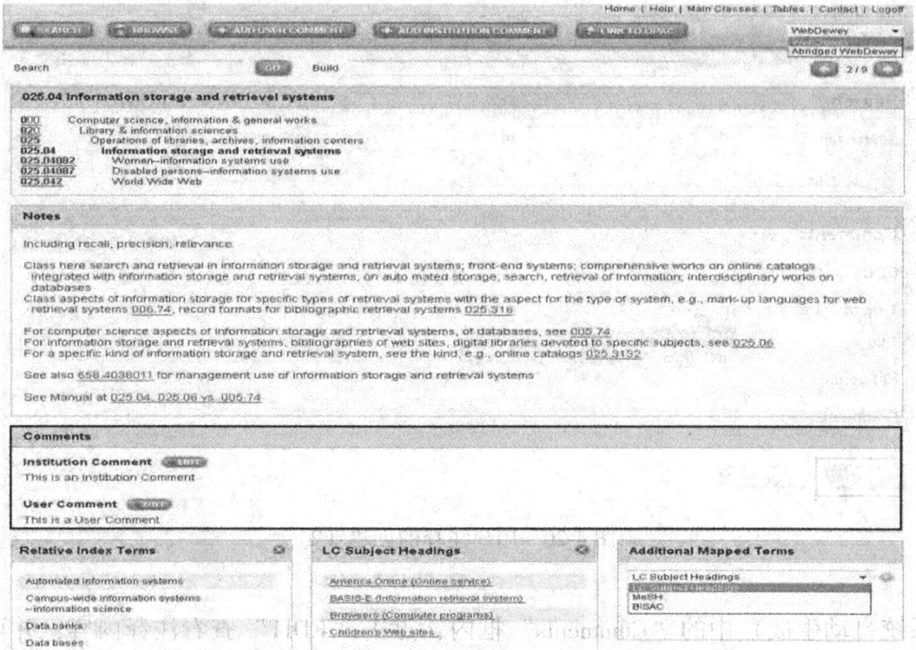

图 4-21　通过类目记录页查看用户注释

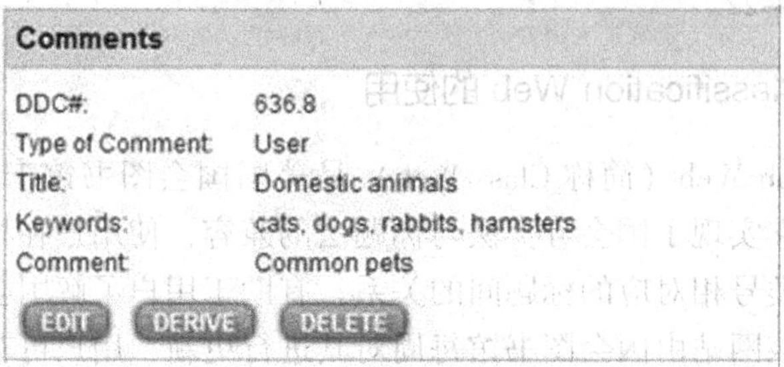

图 4-22　用户注释记录

的超链接。

H：单击此字母则显示类目的等级关系。见图 4-25。

R：单击此字母则显示该类目的机读格式。见图 4-26。

B：单击此字母将显示 Class Web 中链接的有关该类目的其他图书馆的联合目录。见图 4-27。

L：单击此字母可显示 LC 分类号对应的 LCSH（国会图书馆标题表）的标

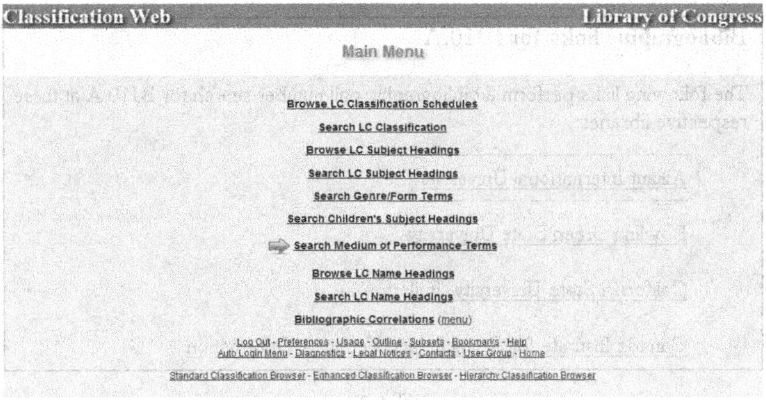

图 4-23

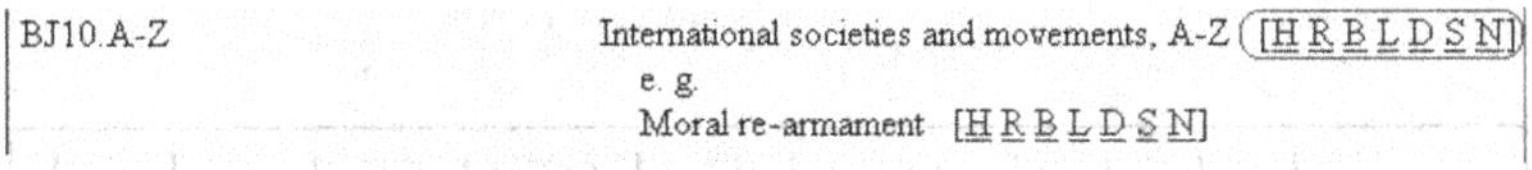

图 4-24

图 4-25

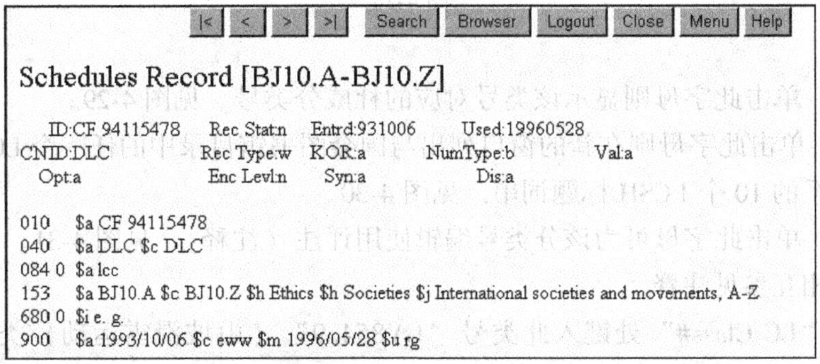

图 4-26

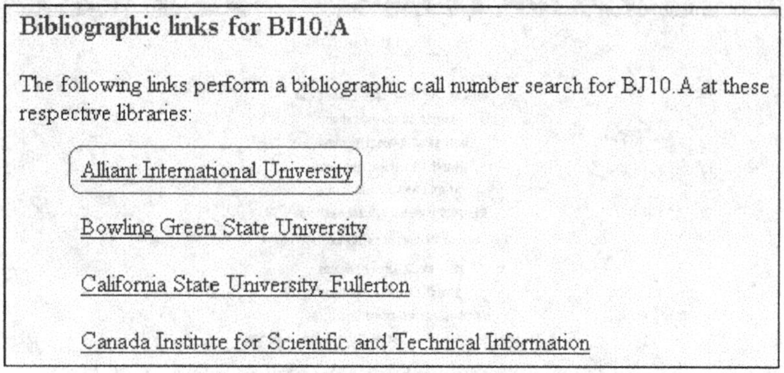

图 4-27

题词。见图 4-28。

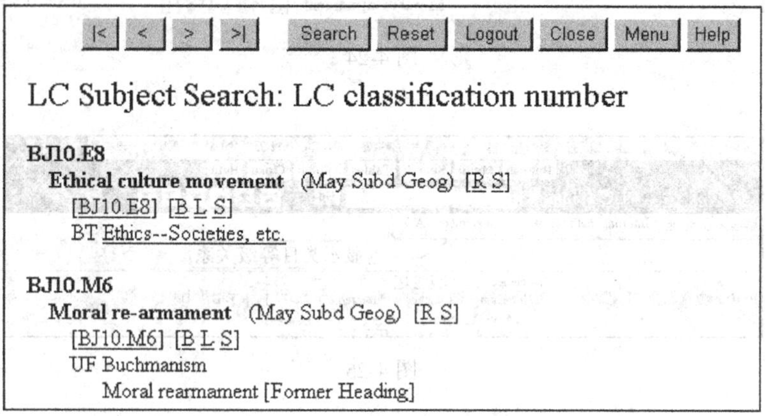

图 4-28

D：单击此字母则显示该类号对应的杜威分类号。见图 4-29。

S：单击此字母则在新的窗口列出与国会图书馆目录中的任一个 LCC 类号紧密联系的 10 个 LCSH 标题词串。见图 4-30。

N：单击此字母可为该分类号编辑使用评注（注释）。见图 4-31。

③相互参见注释。

在“LC Class#”处键入此类号“GV854. 9”（山坡滑雪运动）类，点击“Go”。见图 4-32。

点击图 4-32 中方框标记的相互参见注释中类号“GV1177”（射击），页面

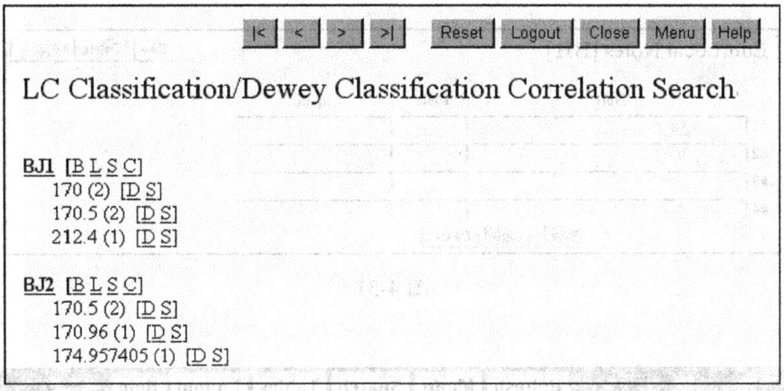

图 4-29

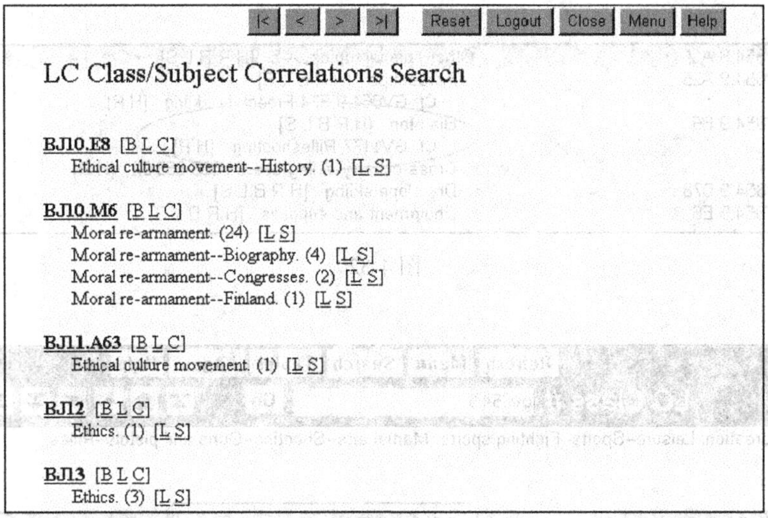

图 4-30

则转至此类号的检索结果。见图 4-33。

可见图 4-33 中类目“Rifles”下端也设有与类目“Biathlon”的相互参见注释。

④参见注释。

在“LC Class#”处键入类号“GV854. 9”（山坡滑雪运动），点击“Go”，如图 4-34 所示。方框标记了类目“Biathlon”（现代冬季两项）的参见注释，点击即可进入其参见链接。

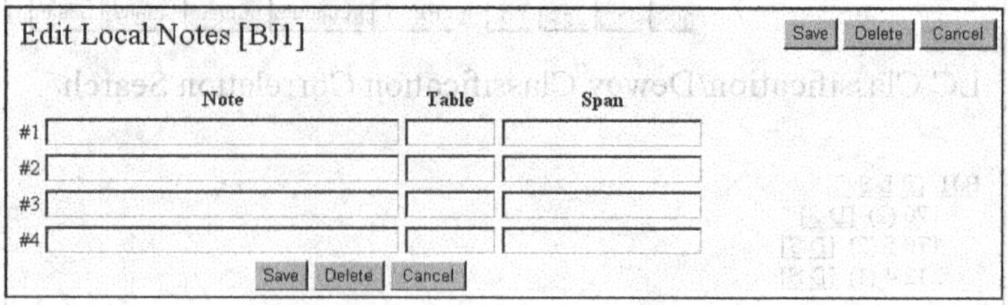

图 4-31

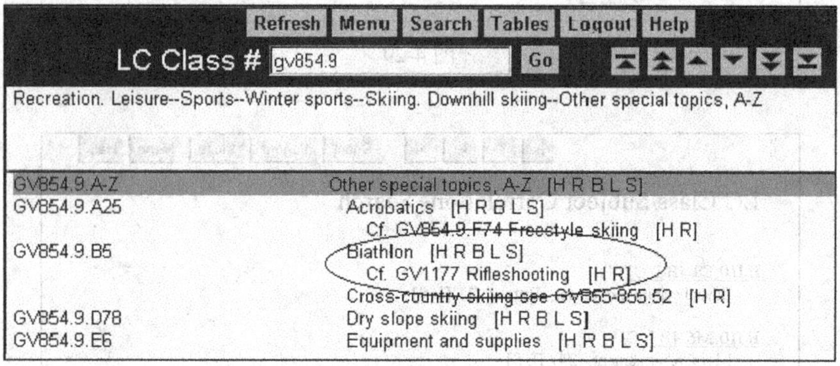

图 4-32

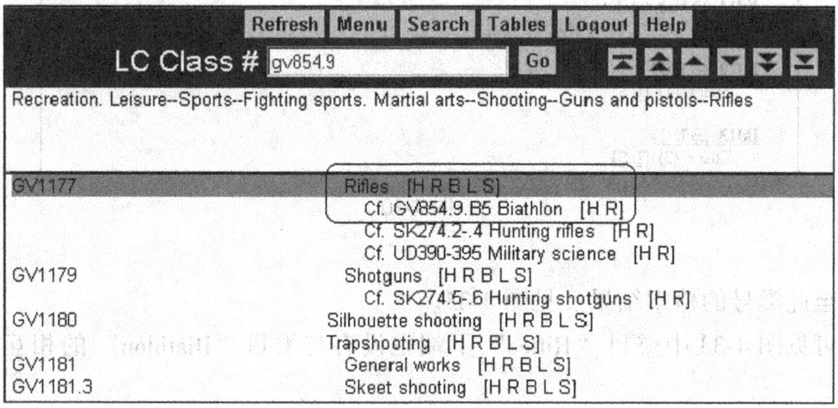

图 4-33

⑤主要复分表的链接。

以“HD2971”（知识产权）类为例，在“LC Class#”处键入此类号，点

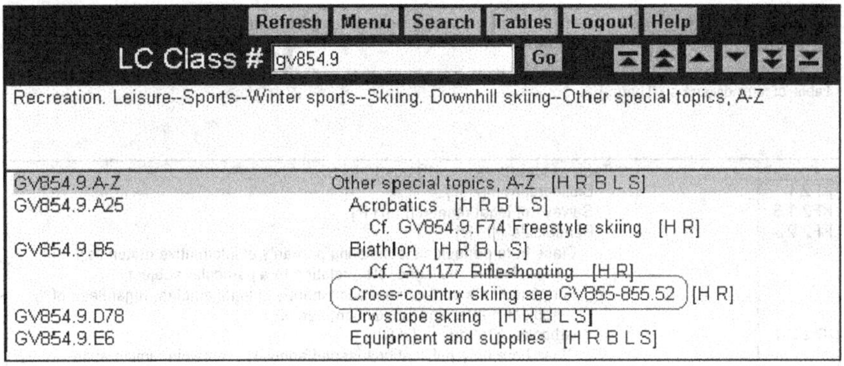

图 4-34

击"Go"，页面则进入如图 4-35 所示。

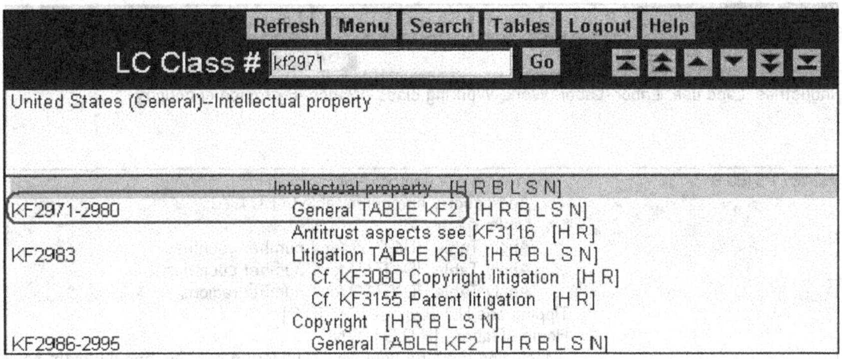

图 4-35

可见图 4-35 中类号区间为"KF2971-2980"的通用复分表"TABLE KF2"，点击此链接，则进入如图 4-36 所示。

需注意的是，图 4-36 左侧方框中标记的为"KF2"复分表的类号，而不是代表分类主表的类号。

⑥次级复分表的链接。

以"HD4971"（工资）类为例，在"LC Class#"处键入此类号，点击"Go"，页面则进入如图 4-37 所示。

单击图 4-37 的"TABLE H5"，将链接到"HD4971-5100.7"的国家地区复分表。见图 4-38。

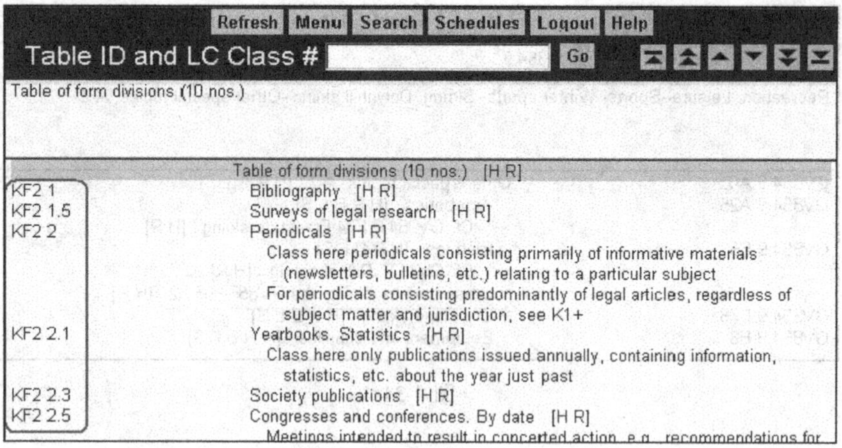

图 4-36

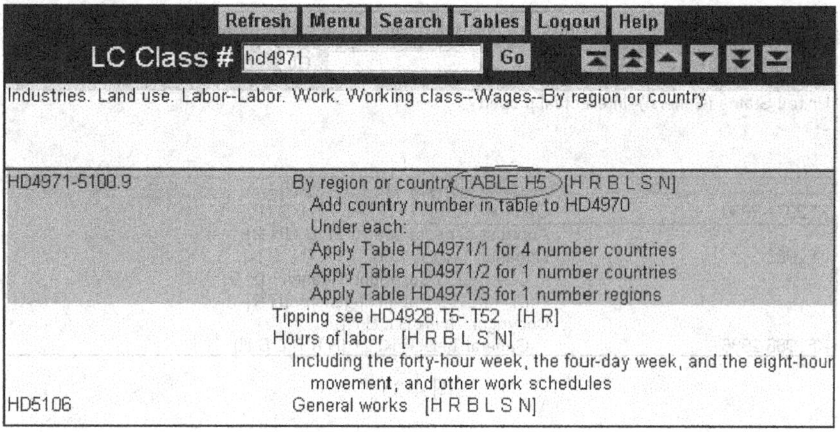

图 4-37

可发现图 4-38 复分表中的类名后有功能键“T”，表示链接至此类目的次级复分表。单击“United States”类目后括号中的“T”，页面则链入如图 4-39 所示。

⑦Class Web 中各辅助符号。

“（ ）”：括号里表示曾经使用过的现已停用的类号。

“< >”：括号里的数字表示国会图书馆提供的可供挑选的号码。

“［　］”：括号仅在搜索结果页面中显示，而不在分类法浏览界面显示。

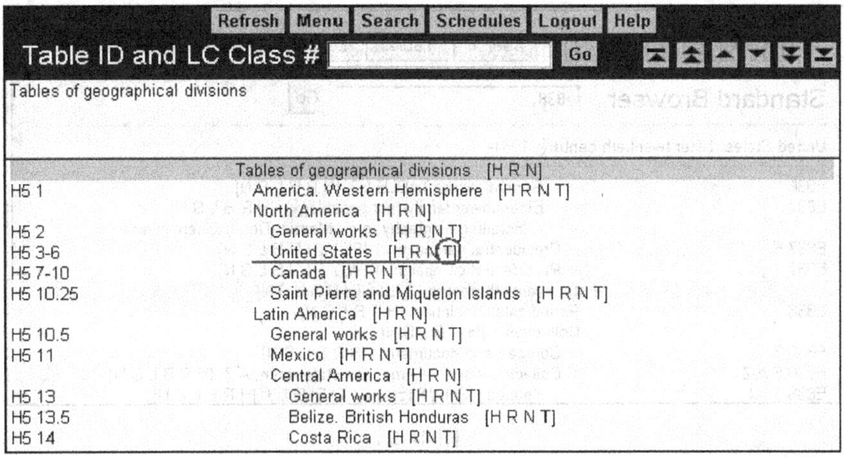

图 4-38

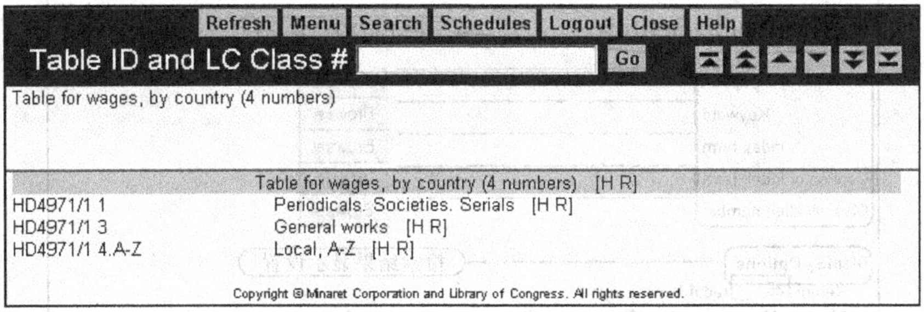

图 4-39

它表示起止类号的区间。

⑧使用无等级结构的浏览方式。

在 Class Web 主菜单点击“Preferences”，对页面参数进行设置。点击“Do not use frames”，则页面将不使用动态等级结构。见图 4-40。

如需浏览等级体系，可点击如图 4-40 分类目录中的类目右侧括号内的“H”，则在新的窗口进入类目的等级体系。

4.3.2.2 Classification Web 的检索方式

①检索界面介绍。

在 Class Web 主菜单点击“Classification Search”。如图 4-41 所示，进入检索页面。

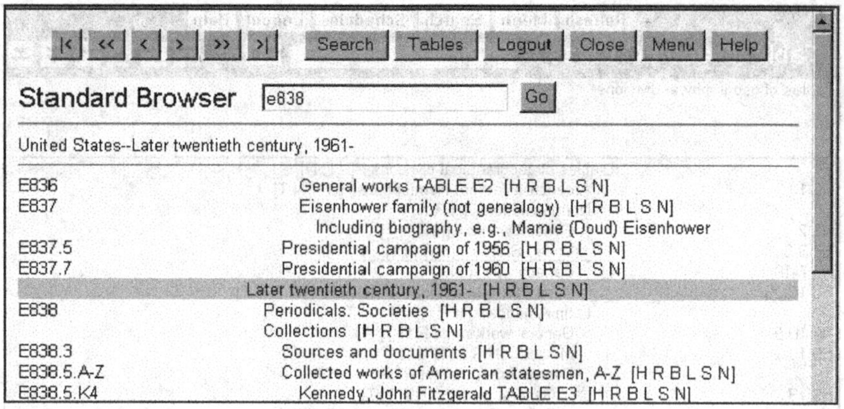

图 4-40

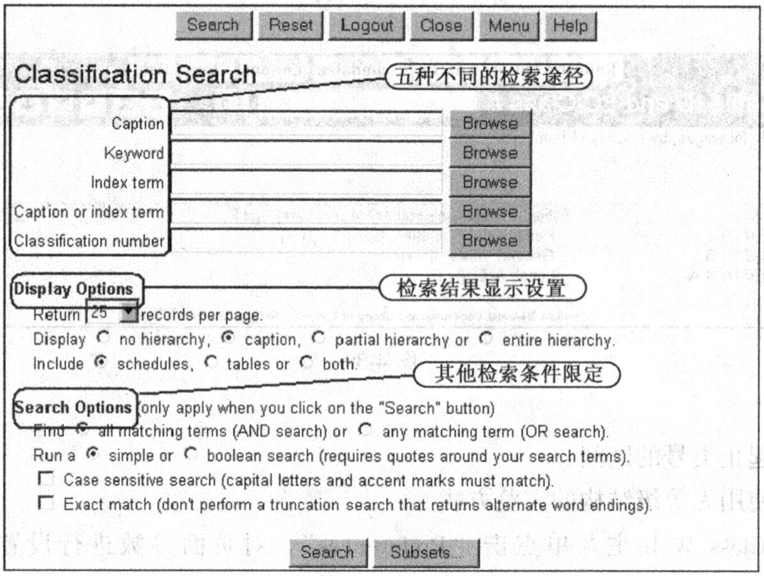

图 4-41

输入检索项并设置好页面显示以及检索方式后，单击“Search”进行检索。如需在某一类号或是类号区间内检索，则单击“Subsets”。

②简单检索。

以类名检索、关键词检索为例。

➢ 类名检索

在类名检索框输入"Titanic"，点击"Search"进行检索，结果显示类名以该检索词为首词的 LCC 类号。见图 4-42。

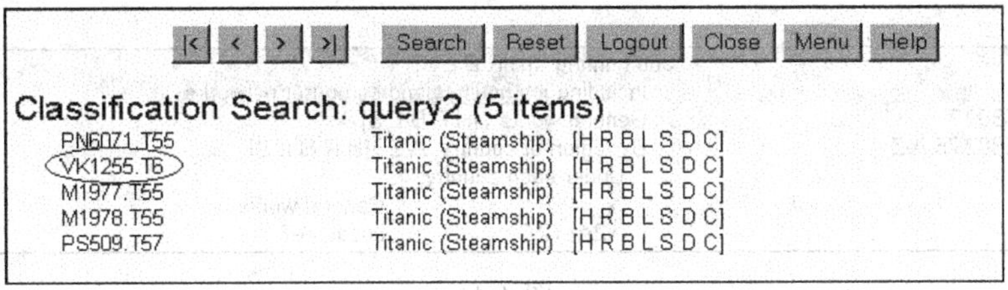

图 4-42

➢ 关键词检索

在关键词检索框输入"hotlines"，点击"Search"，页面将转入如图 4-43 所示。

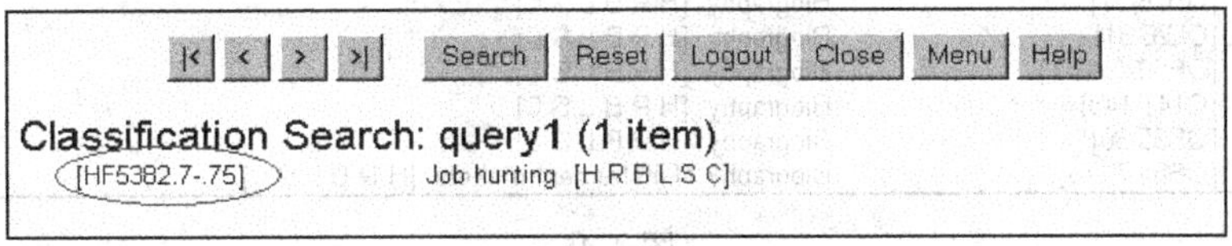

图 4-43

单击图 4-43 中的分类号［HF5382.7-.75］，则打开新的窗口进入该分类号的详细内容。见图 4-44。

可见图 4-44 中类目"Job hunting"的注释包含所输关键词"hotlines"。

③高级检索。

高级检索功能可实现多种检索途径的组配与限定检索。如在类名检索框输入"biography"，然后在分类号检索框输入字母"q"，即可检索"Q（科学）类"中"传记"的相关记录。显示结果如图 4-45 所示。

4.3.2.3 利用增强浏览器组合类号

Class Web 的增强浏览器能将主表和复分表类号组合在一起，通过浏览其复分表便可找到合适的类号。点击复分表名称的超链接便可调用相应的复分表。

以简单组配为例，在"LC Class#"处输入"KF560"（个案），点击

图 4-44

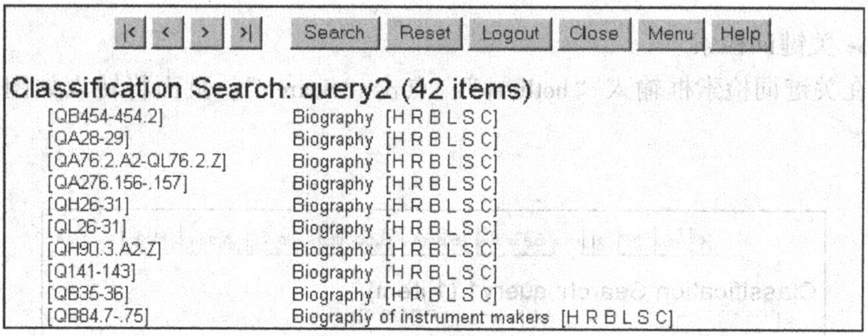

图 4-45

"Go"。见图 4-46。

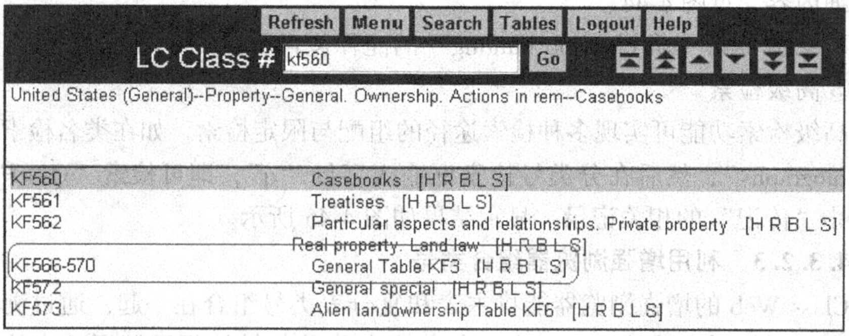

图 4-46

页面显示“KF566-570”类号区间需按照通用复分表“KF3”复分。点击图4-46中的名称“General”，结果则显示“KF3”复分表的所有子目。见图4-47。

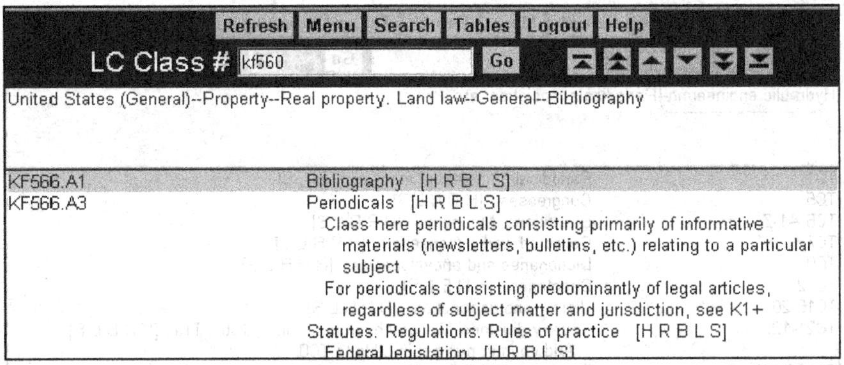

图 4-47

4.3.2.4 Classification Web 等级浏览器的使用

Class Web 的等级浏览器可浏览 LCC 中所有等级的类目。

以 T（技术）类为例，在“LC Class#”处输入“t”，点击“Go”。页面则显示“T”（技术）大类的等级体系以及主要的下位类。见图4-48。

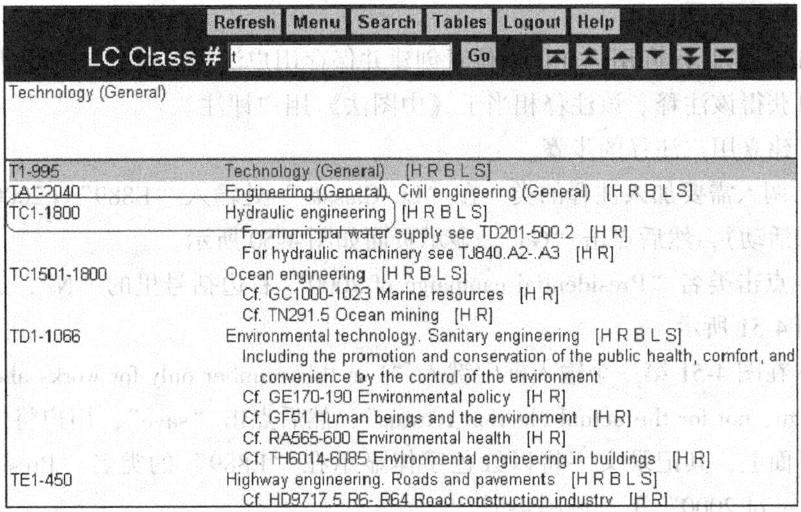

图 4-48

点击图 4-48 中类号为“TC1-1800”的类名“Hydraulic engineering”(水利工程),页面则显示此类目的下位类,见图 4-49。

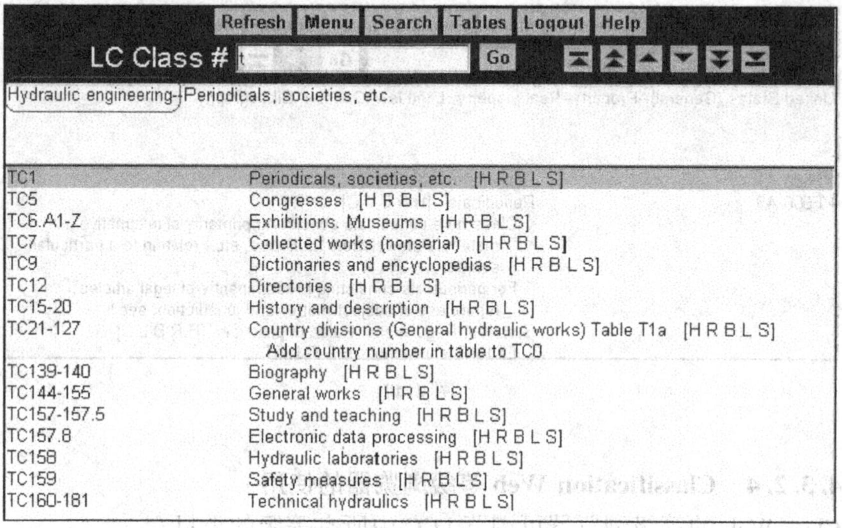

图 4-49

4.3.2.5 Classification Web 用户注释的建立

①用户注释。

Class Web 允许用户在任何位置创建并保存用户注释,通过 ID 无论何时登录都可获得该注释。该注释相当于《中图法》用户评注。

②建立用户注释的步骤。

➢ 调入需要加入注释的类。在“LC Class#”处输入“E889”(2000 年总统竞选活动),然后点击“Go”,显示页面如图 4-50 所示。

➢ 点击类名“Presidential campaign of 2000”右边括号里的“N”,返回页面如图 4-51 所示。

➢ 在图 4-51 第一个输入框中键入“Use this number only for works about the campaign, not for the actual election returns”,然后点击“save”,用户将返回到浏览界面上,其记录文字将以红色字体显示在“E889”的类名“Presidential campaign of 2000”下,见图 4-52。

4.3.2.6 LCC 与 LCSH 的关联

利用 Class Web,可以方便地查找与国会图书馆目录中的任一个 LCC 类号

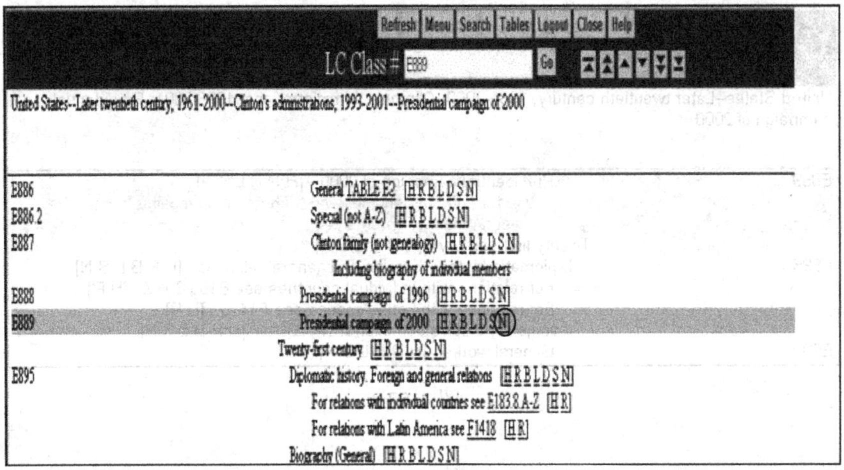

图 4-50

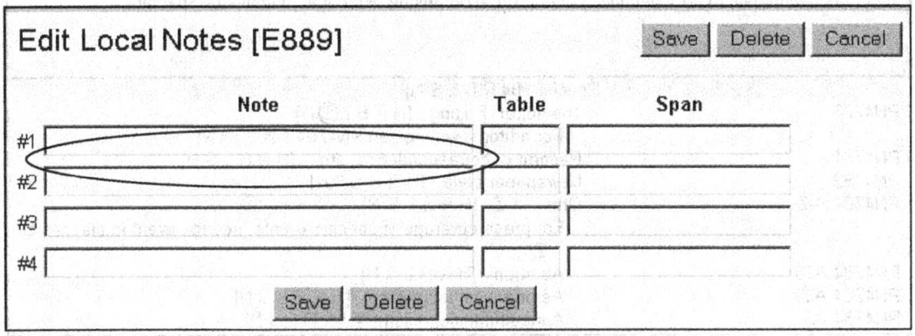

图 4-51

紧密联系的 10 个 LCSH 标题词串。找到合适的标题词并进行标引。

①分类号与标题词的关联。

在“LC Class#”输入框中键入类号“PN4778”（编者．编辑），点击“Go”，显示页面如图 4-53。

点击图 4-53 中类名“The editor. Editing”括号中的字母“S”，则显示“Subject Correlations”页面，见图 4-54。

②标题词与分类号的关联。

在“Main Menu”页面中点击“Subject Heading & Classification Number Correlations”，打开“Subject Correlations”窗口，见图 4-55。

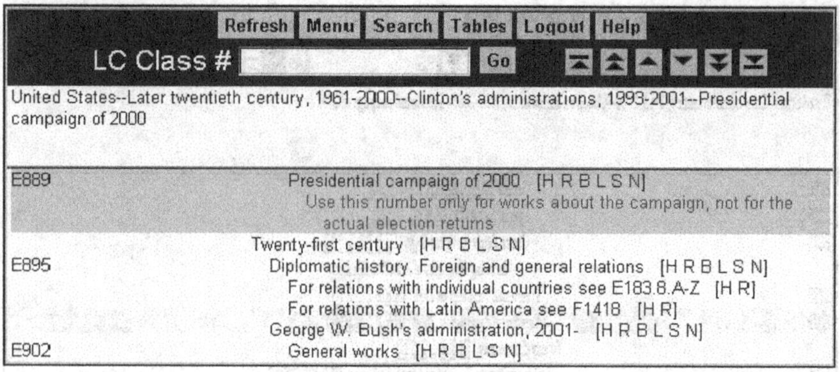

图 4-52

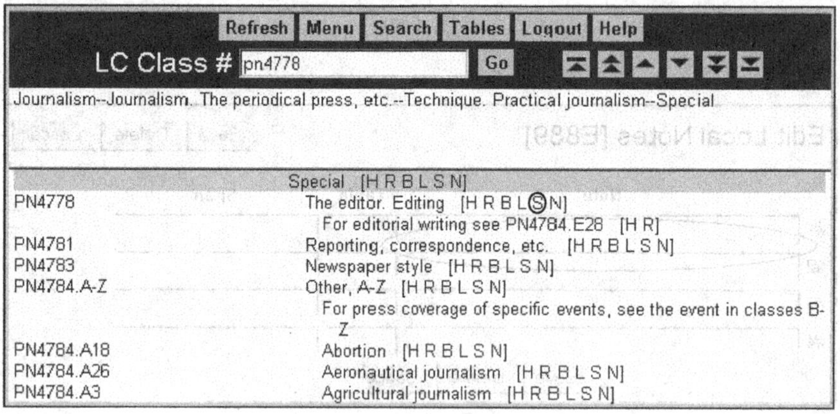

图 4-53

在分类号输入框中键入 LCC 类号，点击“Find”检索与此类号相关联的一组标题词，也可进行“反向”标题关联检索。如在标题词检索框中输入“Halloween”(万圣节前夕)，则返回以“Halloween”为首词的一组标题词串。见图 4-56。

4.3.2.7 标题词表

标题词以词表形式显示，每个标题词都包括它的“用、代”、上位词、下位词及相关词说明。用户可直接检索标题词，或通过类号进行链接。

从 Class Web“Main Menu”页面点击“Subject Headings”，如图 4-57 所示。

如在“Structured subject heading”检索框中输入“taxation—law and legisla-

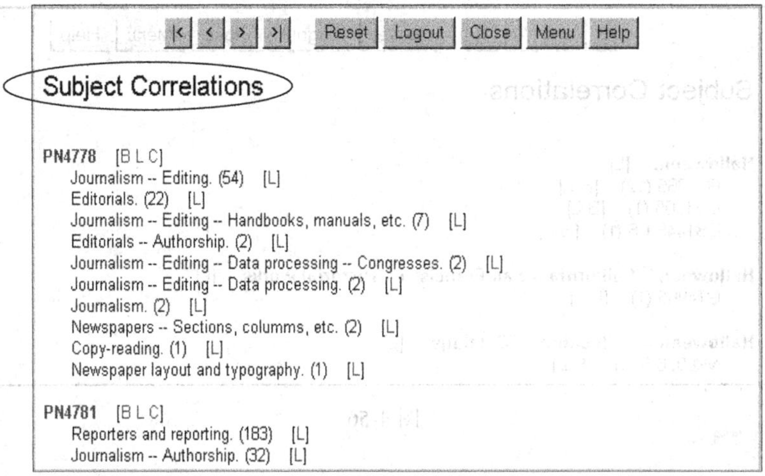

图 4-54

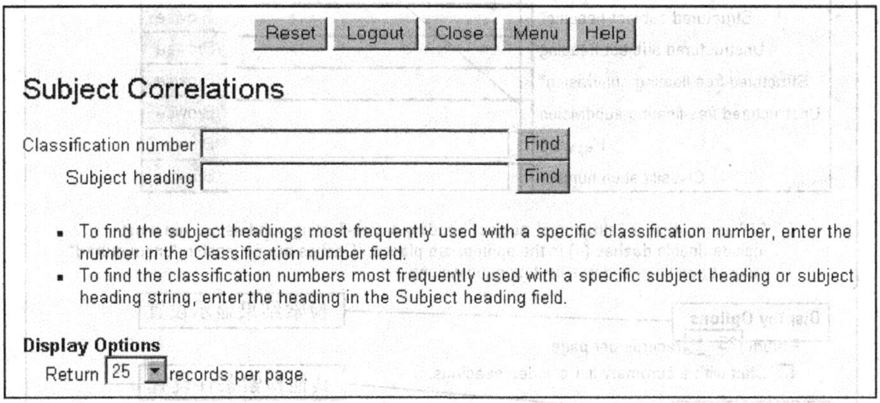

图 4-55

tion”（征税——法律和立法），点击“Browse”，如图 4-58 所示。

4.3.2.8 LCC 和 DDC 的关联

点击 Class Web 主菜单上的“LC Classification & Dewey Classification Correlation”，返回页面如图 4-59 所示。

在输入框“Library of Congress classification number”中键入类号“HD50”（总论性著作），点击“find”，返回页面如图 4-60 所示。

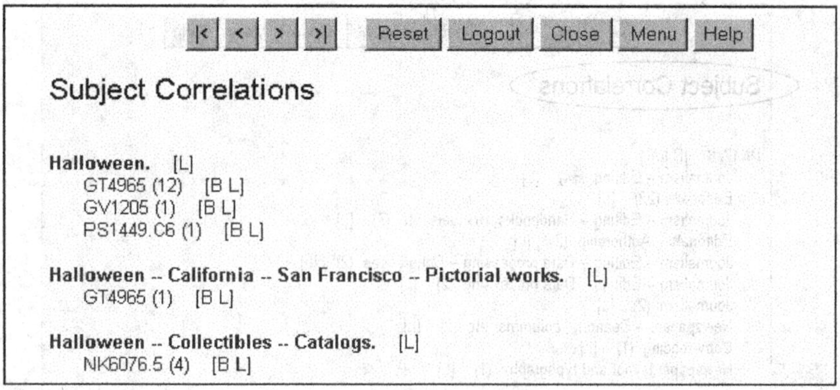
|< < > >| Reset Logout Close Menu Help
Subject Correlations
Halloween. [L]
GT4965 (12) [B L]
GV1205 (1) [B L]
PS1449.C6 (1) [B L]
Halloween -- California -- San Francisco -- Pictorial works. [L]
GT4965 (1) [B L]
Halloween -- Collectibles -- Catalogs. [L]
NK6076.5 (4) [B L]

图 4-56

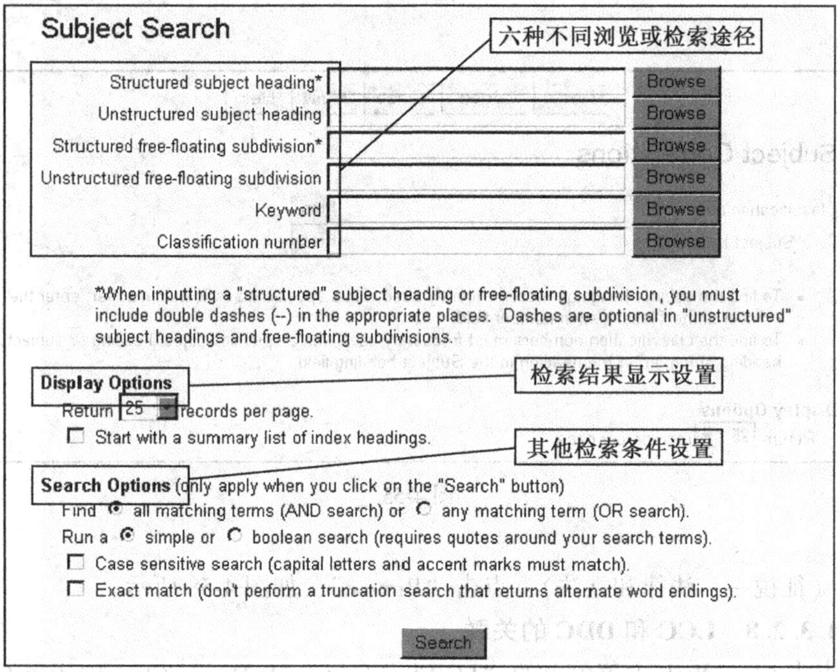
Subject Search
六种不同浏览或检索途径
Structured subject heading*
Unstructured subject heading
Structured free-floating subdivision*
Unstructured free-floating subdivision
Keyword
Classification number
Browse
*When inputting a "structured" subject heading or free-floating subdivision, you must include double dashes (--) in the appropriate places. Dashes are optional in "unstructured" subject headings and free-floating subdivisions.
Display Options
检索结果显示设置
Return 25 records per page.
Start with a summary list of index headings.
其他检索条件设置
Search Options (only apply when you click on the "Search" button)
Find all matching terms (AND search) or any matching term (OR search).
Run a simple or boolean search (requires quotes around your search terms).
Case sensitive search (capital letters and accent marks must match).
Exact match (don't perform a truncation search that returns alternate word endings).
Search

图 4-57

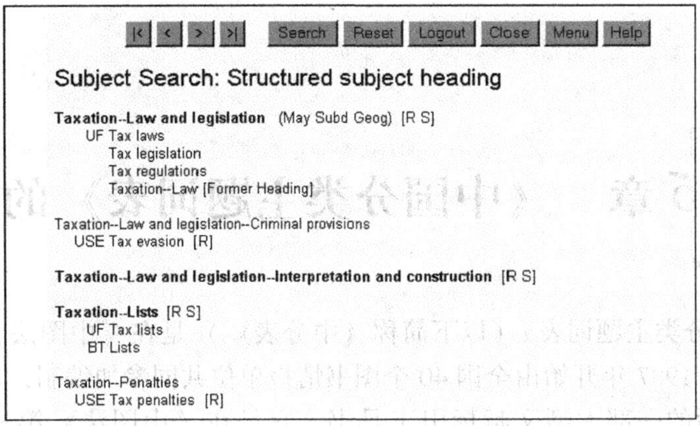

图 4-58

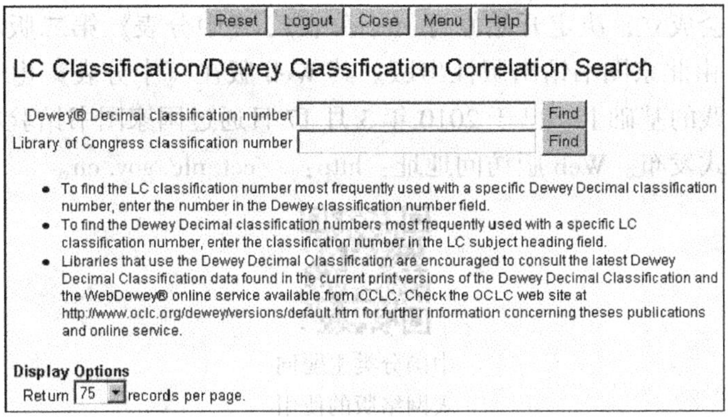

图 4-59

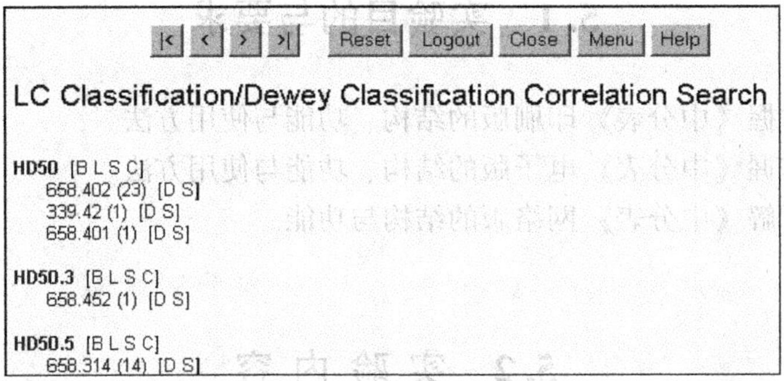

图 4-60

第5章 《中国分类主题词表》的使用

《中国分类主题词表》（以下简称《中分表》）是在《中图法》编委会的主持下，从1987年开始由全国40个图书情报单位共同参加编制，历时8年于1994年出版的一部大型文献标引工具书。它是在《中图法》第三版（包括《资料法》第三版）和《汉语主题词表》（以下简称《汉表》）的基础上编制而成的分类检索语言和主题检索语言兼容互换的工具。2000年4月《中图法》第六届编委会成立，决定开始修订《中分表》，《中分表》第二版和电子版于2005年9月由北京图书馆出版社出版。其Web版在《中分表》电子版先期成果和研制实践的基础上，已于2010年3月17日通过国家图书馆验收，在国际互联网上正式发布。Web版访问地址：http：//cct.nlc.gov.cn。

中国分类主题词表网络版的使用

5.1 实验目的与要求

（1）掌握《中分表》印刷版的结构、功能与使用方法。

（2）掌握《中分表》电子版的结构、功能与使用方法。

（3）了解《中分表》网络版的结构与功能。

5.2 实验内容

（1）熟悉《中分表》印刷版、电子版与网络版的结构与功能。

(2) 使用《中分表》印刷版完成一定数量文献的分类标引与主题标引工作。

(3) 使用《中分表》电子版与网络版完成一定数量文献的分类标引与主题标引工作。

5.3 实验操作指导

5.3.1 《中分表》第二版与电子版的使用

5.3.1.1 《中分表》第二版印刷版的结构与功能

《中分表》采用“分类法—叙词表对照索引式”的分类主题一体化检索语言体系结构，由以下两个表组成：

第一卷：“分类号—主题词对应表”部分

它是《中分表》从分类到主题、从类号到叙词的对照索引体系，包含了《中图法》《资料法》所有类目和对应的叙词款目、对应的注释。该卷分左右两栏编排，左栏是《中图法》的类表，右栏是相对应的主题词和主题词串构成的先组式标题。其主要功能是文献分类标引和通过分类的途径查找主题词，进而进行主题标引。

第二卷：“主题词—分类号对应表”部分

它是《中分表》从主题词到分类号、从标题到分类号的对照索引体系。按主题词款目的字顺排列，其后列出对应的分类号。其主要功能是文献主题标引和通过主题查找相关的分类号，作分类标引的辅助手段。

5.3.1.2 《中分表》的应用

在分类标引时，对于印刷版主要使用第一卷，从“分类号—主题词对应表”入手。标引时，要遵守《中图法》的标引规定。对应表的右栏为所列举类目对应的主题词与主题词组配形式，要比类名与注释中所列举的更多一些，可充当类目注释的作用，有助于辨别类目的含义，用户再依照文献论及的主题，准确地选择其对应的专指主题词或可选主题词。

当不清楚某个主题概念属于哪一学科或专业范围，难以从分类体系查找类目时，可从“主题词—分类号对应表”入手，先查其对应的分类号，再利用“分类号—主题词对应表”进行核对。如，标引《尘肺》一书，便可从“主题词—分类号对应表”入手，按音序查找，找到其对应的类号为 R598⑨⑨，再转查第一卷"分类号—主题词对应表"进行核对（见以下款目）。主题标引时，必须使用表中的正式主题词，遵循概念组配优先的原则。

chen fei
尘肺
Pneumoconiosis
R598⑨⑨
D 尘肺病
Z 职业病
S 职业病
· 甘蔗渣尘肺
· 滑石肺
· 类风湿性尘肺
· 煤肺
· 棉尘肺
…

5.3.1.3 《中分表》电子版的结构与功能

➢《中分表》电子版的系统界面

词表电子版由标题名为《中国分类主题词表》的主窗体和"分类号—主题词对应表"子窗体、"主题词—分类号对应表"子窗体和"词族表"子窗体共同组成。主窗体是词表电子版的框架窗体，所有子窗体表均显示在它的里面（浏览表除外）。主窗体还包括菜单栏、工具栏、检索栏、检索结果栏和状态栏等系统功能结构组件（见图5-1）。

检索栏包括：①检索途径下拉选择框（包括：全部、分类、主题、类号、类名、类目注释、所属类目路径、普通主题词、名称主题词、主题词英译名、主题词拼音、主题词注释、控制号、评注文字）。②检索匹配方式下拉选择框（包括：任意一致、一体化扩检、完全一致、前方一致、后方一致）。③检索词输入框（进行检索的内容）。④执行检索命令按钮。⑤组合检索按钮。

词表电子版还提供了一个在形式和内容上与书本式词表基本相同的、采用普通窗体形式的"浏览表"窗体，将书本式的"分类—主题词对应表"和"主题词—分类对应表"显示在计算机的屏幕上，将这两种表并排显示在左右两个框中而形成的一个窗口，以网页的方式提供查看和阅读（见图5-2）。

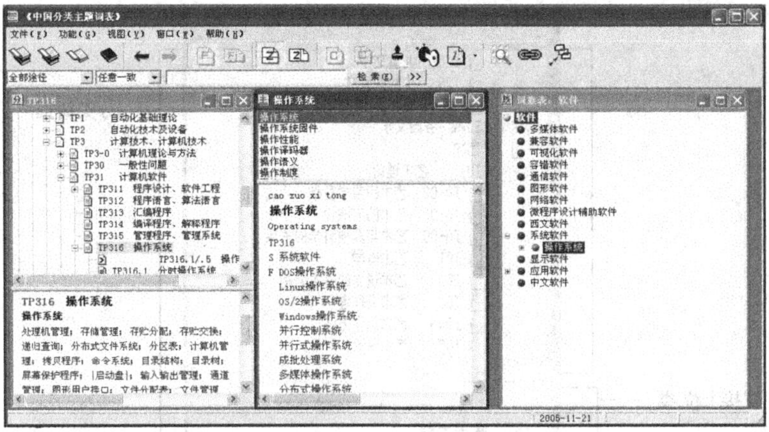

图 5-1 《中分表》电子版系统界面

图 5-2 《中分表》电子版浏览表界面

➤《中分表》电子版的结构

《中分表》电子版的分类表、主题表及词族表的结构分别如下：

分类表由两部分组成：分类树框和分类款目框。分类树框以树视图（TreeView）方式显示整个分类标识体系。分类款目框用来显示分类体系的微观结构，包括：本款目的直接上位类和下位类，本款目的类号、类目名称、类目注释以及对应的专指主题词和附属主题词，短横线下为本分类款目记录的控制号（以大写字母 C 打头），标引评注等（见图 5-3）。

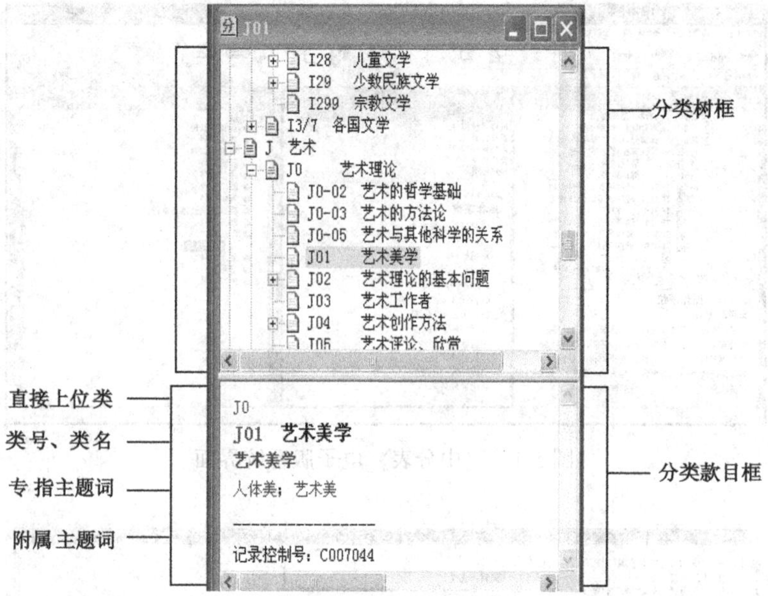

图 5-3 《中分表》电子版分类表结构

主题表由两部分组成：主题词字顺列表框和主题词款目框。字顺列表框将词表的所有主题词按汉语拼音进行排列。主题词款目框显示当前主题词的款目内容，包括：主题词汉语拼音，款目主题词，注释，主题词英译名，对应分类号，参照关系词（包括：代、属、分、族），记录的控制号（以大写字母 S 打头），标引评注等（见图 5-4）。

词族表子窗体刚打开时，其标题名为“词族表:”。使用后标题名会反映当前的族首词，如“词族表：生物学”。词族表由两部分组成：词族框和族首词字顺列表框（见图 5-5）。

词族框显示主题表当前主题词的词族。族首词字顺列表框将主题词表的所有族首词按汉语拼音顺序排列。双击某个族首词，在词族框动态生成并显示该族首词的词族。

《中分表》的研制原理是通过软件开发把分类法—主题词表结构化的机读数据，以多文档、多窗体形式，用动态手段再现分类主题一体化的对应转换结构及其语义结构，从而实现一体化机助标引和基于内容的信息检索等功能。使用电子版标引文献的基本规则与印刷版的规则相同。其优势在于众多的检索功能，多功能超文本显示词表，克服印刷版的线形体系结构和检索效率低、检准率和检全率低等功能缺陷，提高了标引速度，增强了易用性。

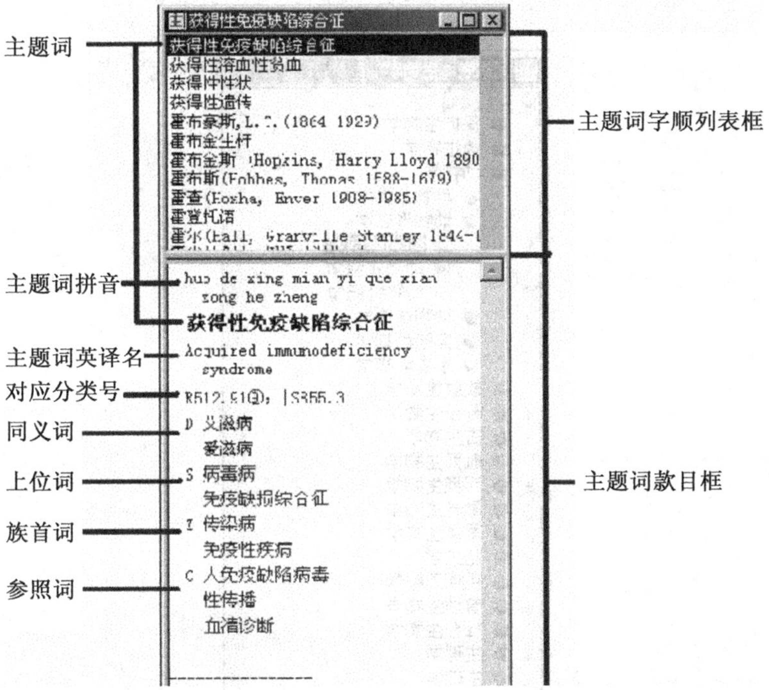

图 5-4 《中分表》电子版主题表结构

5.3.2 《中分表》网络版的使用

5.3.2.1 《中分表》网络版的结构与功能

➢《中分表》网络版的系统界面

系统主页面分为上下两栏，上栏为《中分表》检索途径、用户个人使用功能设置及管理；下栏分左右两栏，左栏为“《中图法》及与主题词对应表”即“分类号—主题词对应表”，右栏初始页面为“《中分表》Web 版使用说明”，选定类目后，右栏的页面则变为“主题词—分类号对应表”（见图 5-6）。

➢ 分类主题对应表

该表分为上下两栏：上栏为《中图法》分类树框，下栏是类目及主题词对应的详细款目框，即分类款目框（见图 5-7）。

分类树框展示《中图法》分类体系的宏观结构，采用树视图（TreeView）显示整个分类等级体系，包括主表和通用复分表。主表根节点下的一级节点为《中图法》22 个大类。通用复分表根节点下的一级节点则为 8 个通用复分表。

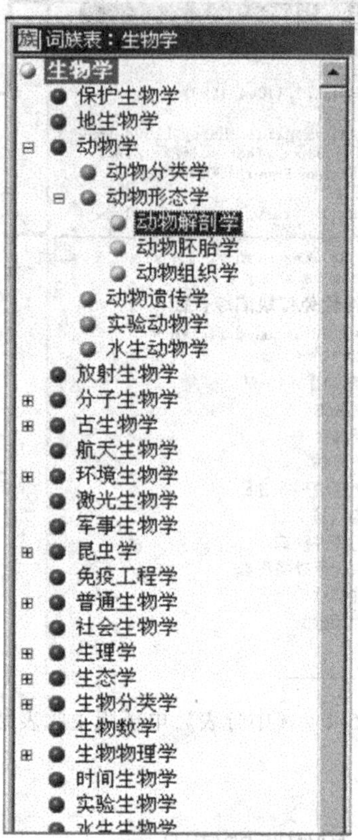

图 5-5　《中分表》电子版词族表结构

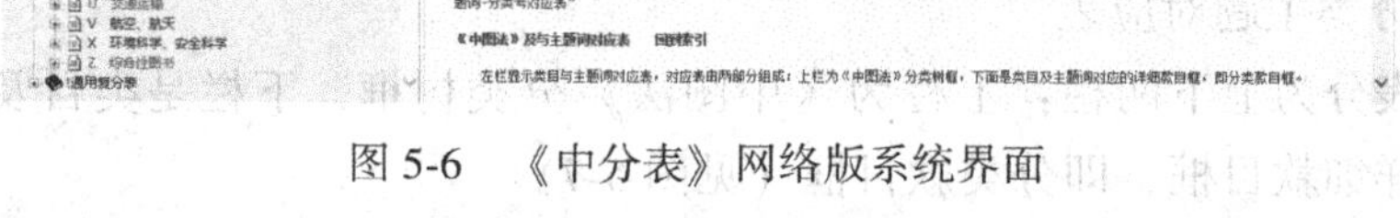

图 5-6　《中分表》网络版系统界面

分类款目框用来显示分类体系的微观结构，包括类号、类名、类目注释以及类目对应和包含的主题词，横线下为本分类款目记录的控制号（以大写字母 C 开头），标引评注。注释中的类号、对应主题词等均可超链接（字体是蓝色）。点击类号，可定位到分类树该类目节点；点击主题词，可定位到该主题词款目。

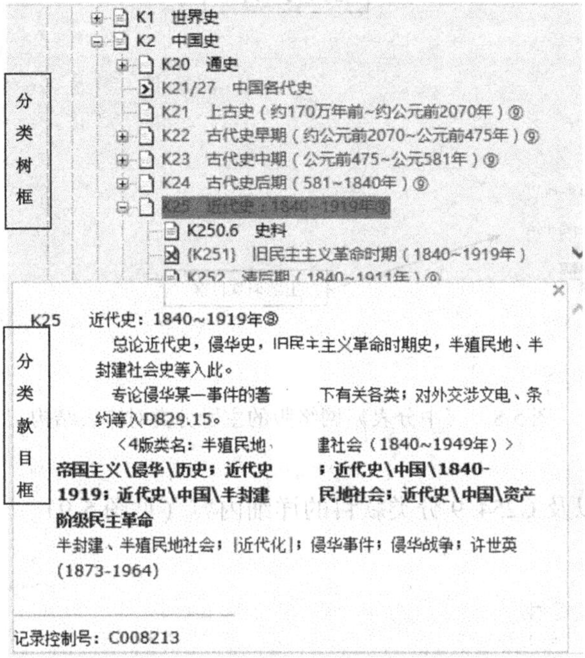

图 5-7 《中分表》网络版的分类主题对应表结构

➢ 主题分类对应表

该表由两部分组成：上栏为主题词字顺列表，下栏为主题词款目框（见图 5-8）。主题词字顺列表将主题词表的所有主题词按汉语拼音进行排列，所有非汉字开头的主题词排在末尾。点击本栏上方的首字母索引可浏览主题词，也可以通过检索和从分类表定位主题词。

主题词款目框显示当前主题词的款目内容。包括：主题词汉语拼音、款目主题词、注释、主题词英译名、对应分类号、参照关系词，主题词款目记录的控制号，评注等。

5.3.2.2 《中分表》网络版的使用

选定类目或者主题词，网络版则显示该类目或主题词在分类主题对应表以及主题分类对应表的位置。如选择“信息检索”或者 G254.9，就会显示信息

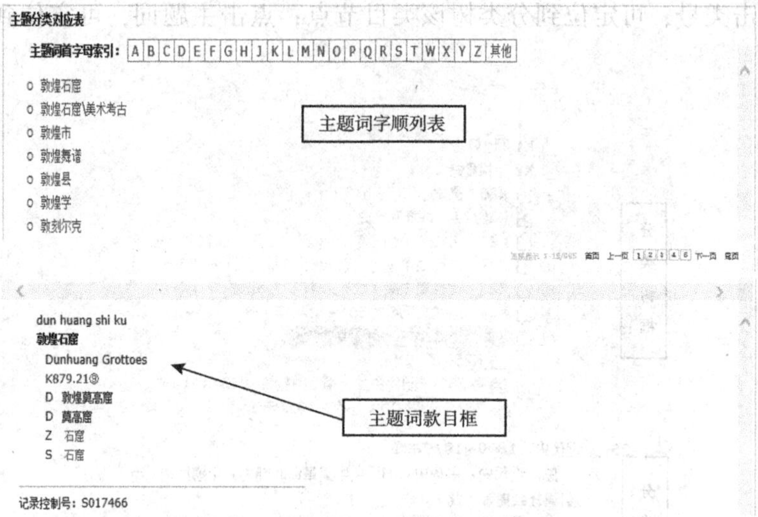

图 5-8 《中分表》网络版的主题分类对应表结构

检索主题款目以及 G254. 9 分类款目的详细内容（见图 5-9）。

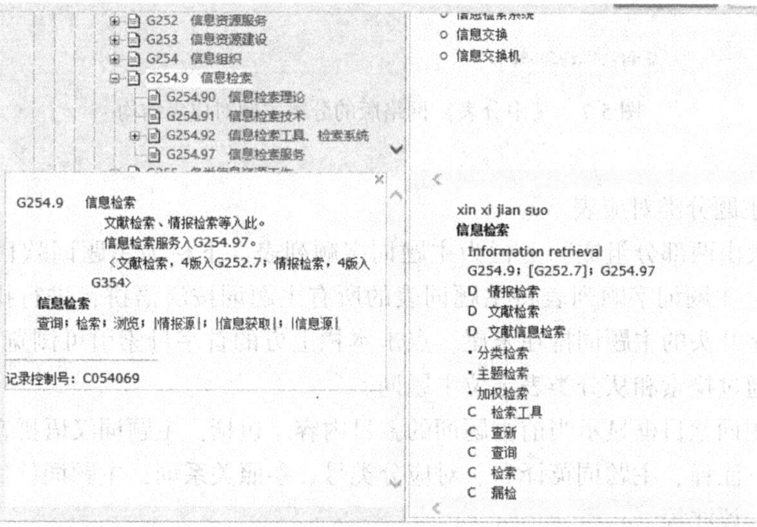

图 5-9 《中分表》网络版“信息检索”类查询结果

第 6 章 《美国国会标题表》（LCSH）与 ERIC 叙词表的使用

6.1 实验目的与要求

（1）了解 LCSH 的款目结构。
（2）通过上机操作练习，掌握 LCSH 的浏览及标引。
（3）了解 LCSH 的特点及不足。

6.2 实 验 内 容

（1）上机练习 LCSH 系统界面的各种操作。
（2）运用 LCSH 进行浏览、标引。
（3）熟悉 ERIC 叙词表的结构与功能。

6.3 实验操作指导

（1）了解 LCSH 标题表的款目结构，学会使用 LCSH 进行主题浏览及标引。本实验使用《LCSH》（第 37 版）。

（2）学会使用 ERIC 叙词表进行标引与检索。

6.3.1 LCSH 标题表的使用

6.3.1.1 LCSH 标题表款目结构

款目结构组成部分包括标题、分类号、范围注释和参照项。

①标题的形式。

标题包括标题标目和副标题。标题标目也称一级标题，用黑体字显示，副标题按短横“-”加以区别。一个短横“-”表示二级标题，两个短横“--”表示三级标题。如：

Kidneys 肾脏
-Diseases 疾病
-- Diagnosis 诊断

标题可能包含一个单词或几个单词。一个单词组成的标题通常是名词，如疾病恐惧症（Nosophobia）；两个单词组成的标题通常包括一个形容词和一个名词。以正常词序出现，如 Poor women（贫穷妇女），Nuclear models（核模型）；以反向词序出现（即倒置标题，将重要的词放于开头），如 Numbers, Real（实数）和 Africa, Central（中非）。多于两个单词组成的标题，标题中可能包括连词和介词短语，如 Youth and violence（青年和暴力），Names in the Bible（圣经中的名字）。

②分类号。

分类号为标题词所对应的《美国国会图书馆分类法》类号，在标题之后，一般一个标题对应一个分类号，跨学科标题有两个或两个以上分类号，并加上其学科术语来限定。如：

Gas-turbine power-plants (May Subd Geog) 燃气轮机发电厂(可进行地理复分)
[TK1076]
Gases (May Subd Geog) 气体(可进行地理复分)
[QC161-QC168. 86 (Mechanics)] *[QC161-QC168. 86 (力学)]*
[TP242-TP244 (Chemical technology)] *[TP242-TP244(化学工艺学)]*

③范围注释。

为了保证主题用法的一致性，需要使用“范围注释”的形式，根据主题的专业或特点，提供主题的范围，使其含义明确。如：Packing (Mining)，译为包装（矿业）。有的标题或子标题后含有短语(*MaySubdGeog*)，可算是地理复分注释。

④参照项。

在 LSCH 标题表中，标题之间的关系主要有等同关系、等级关系与相关关系三种关系。

➢ 等同关系

分别以“USE”为“用”项、以“UF”(Used For) 为“代”项参照符表示等同关系。USE 前的词为非正式词，USE 后的词为正式词。UF 与 USE 相反，UF 前的词为正式词，UF 后的词为非正式词。两者是互逆的关系。如：

Micromechanical systems	微机械系统
USE Microelectromechanical systems	用 微电子机械系统
Microelectromechanical systems (*May Subd Geog*)	微电子机械系统
[*TK7875*]	
UF Micromechanical systems	代 微机械系统

如果一个标题有几个等同词时，USE 和 UF 仅放在第一个词前。

Forced migration (**May Subd Geog**)		强迫迁移
UF Cleansing, Ethnic	代	清洗，种族
Compulsory resettlement		强制安置
Involuntary resettlement		非自愿移民
Migration, Forced		迁移，被迫的

若参考词比标题出现得早，在其后加上注释[*Former heading*]，如：

Galician philology (*May Subd Geog*)	加利西亚的语文学
UF Gallegan philology [*Former heading*]	代 加利西亚的语文学[*从前标题*]

➢ 等级关系

分别以“BT”(Broader Terms)为“属”项、以“NT”(Narrower Terms)为“分”项参照符表示等级关系，如，标题词“电视剧”与“电视节目”之间的关系即为等级关系。

Television plays	电视剧
BT Television programs	属 电视节目
Television programs	电视节目
NTTelevision plays	分 电视剧

➢ 相关关系

以“RT”(Related Terms)为“参”项的参照符表示相关关系，如；标题词“酵母菌”与“担子菌”之间的关系即为相关关系。

Yeast fungi *(May Subd Geog)*	酵母菌
RT Basidiomycetes	参 担子菌
Basidiomycetes *(May Subd Geog)*	担子菌
RT Yeast fungi	参 酵母菌

➢ 参见

以“SA”(see also)为“参见”项参照符表示相关参照或次要主题。见下例：

Woodworking industries	木材工业
SA names of specific industries, e. g. ,	参见 具体工业的名称,如:
Furniture industry andtrade	家具工业与贸易。

标题词的详细款目包括了对标题词的各种相关事项的描述，涉及款目词项、LCC类号与各种词间关系的显示。详见下例：

Economic policy (Not Subd Geog)	经济政策
[HD87]	
UF Economic nationalism	代 经济民族主义
Economic Planning	经济计划
National Planning	国家计划
BT Economic	属 经济
Planning	计划
RT National security	参 国家安全
Social policy	社会政策
SA subdivision Economic policy under names of countries, regions, cities, etc.	参见 按国家、地区、城市等细分的政治政策
NT Anti-inflationary policies	分 反通货膨胀政策
Economic assistance	经济援助
Economic assistance, Domestic	经济援助，国内的
……	
Economic policy, Foreign	经济政策，国外
USE International economic relations	用 国际经济关系
Economic prehistory	经济史前史
USE Economics, Prehistoric	用 经济学，史前史

6.3.1.2 《LCSH》标引举例

标引由莫兰、斯图亚特与梅尔内尔著的《图书馆与信息中心管理》(第八版)(Library and Information Center Management/ Barbara B. Moran, Robert D. Stueart, and Claudia J. Morner)一书。其主题标引的结果为：Library administration; Library administration--United States; Information services--Management; Information services--United States--Management.

6.3.2 ERIC 叙词表使用案例

ERIC (Education Resource Information Center) 是美国教育领域的在线数字图书馆，由美国教育部的教育科学机构（IES）发起并建立，是目前世界上教育资源最多、访问量最大的教育数据库。ERIC 叙词表是由教育相关的词和短语组成的按照学科组织的受控词表，包括近 10000 个教育领域的主题词。ERIC 叙词表是一部嵌入到检索系统中的网络叙词表，作为检索系统的一部分，可直接使用选中词链接（检索）相关资源，更加方便用户检索，节省了用户时间，提高了检索效率。

6.3.2.1 ERIC 叙词表界面

① 浏览界面。ERIC 叙词表可以按照字顺或学科进行浏览（见图 6-1），将教育资源分为 41 个一级类（见表 6-1）。每一大类下面划分为若干子类（按字顺排列），并且子类中会列出已经停止使用的类目或主题词，子类即为具体的主题词或术语。以“Agriculture and Natural Resource”一级类目为例，点击该类目，可以得到其下的二级类目（见图 6-2），它们均按照字顺进行排列。直接点击任意主题词，可进入浏览该主题词的界面。然后点击“Search collection using this descriptor”，无需进入 ERIC 数据库检索界面，便可浏览该主题词下所有相关的教育资源，实现了浏览检索的功能。

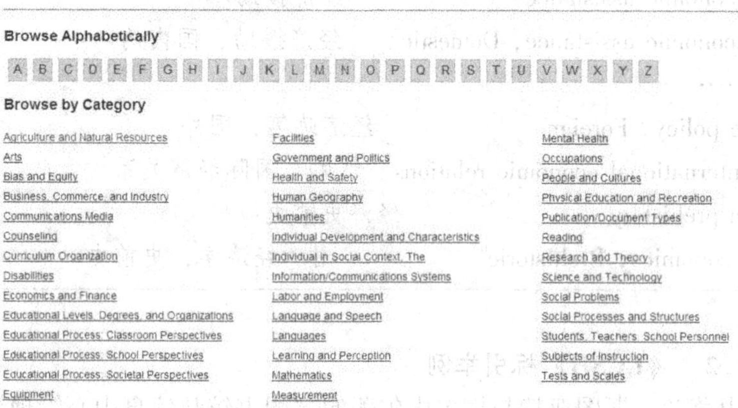

图 6-1 ERIC 叙词表分类浏览界面

表 6-1 **ERIC 叙词表一级类目**

农业和自然资源	设施	心理卫生
艺术	政府与政治	职业
歧视与公平	健康与安全	人与文化
企业，商业与工业	人文地理	体育与娱乐
通信传媒	人文科学	出版/文献类型

续表

农业和自然资源	设施	心理卫生
咨询	个人发展和特性	阅读
课程组织	社会背景下个体	理论与研究
残疾	信息/通信系统	科学与技术
经济与金融	劳动就业	社会问题
教育水平，学位和组织	语言与言语	社会进程与结构
教育过程：课堂视角	语言学	学生，教师和学校工作人员
教育过程：学校视角	学习与认知	教学主题
教育过程：社会视角	数学	测试和标准
设备	测量学	

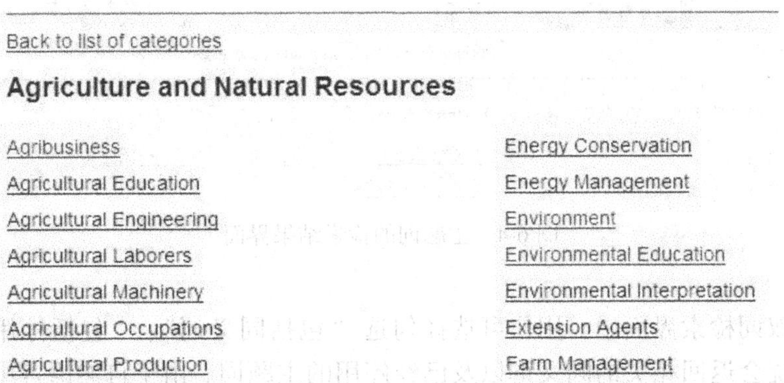

图 6-2　Agriculture and Natural Resource 类目下的主题词（部分）

②检索界面。ERIC 数据库检索系统提供了简单检索和高级检索，包括关键词检索、叙词检索、作者检索、截词检索以及多字段的组合检索等，本案例着重介绍基于 ERIC 叙词表的叙词检索。ERIC 叙词表嵌入到 ERIC 数据库检索系统中，其提供的检索界面见图 6-3。用户直接输入使用自然语言表达出所要检索的概念或关键词，系统并不直接显示检索结果，而是返回与之相符或相近的主题词。在此基础上，可以帮助进一步明确选择自己所需的主题词，精确检索结果，同时词汇差异的问题可以得到一定的控制。

以“Energy”检索过程为例，在叙词检索框中输入“Energy”，系统共返回 5 个相关主题词（见图 6-4）。用户可以选择更为专指或精确的主题词进入

图 6-3　ERIC 叙词表检索界面

该主题词的界面，然后进一步进行检索。

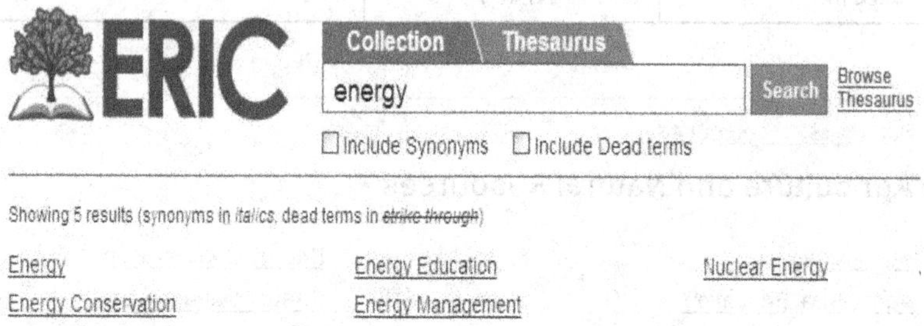

图 6-4　主题词的检索结果界面

在叙词检索界面中，用户可选择勾选"包括同义词"、"包括停用词"选项，系统会返回相关的同义词以及已经停用的主题词。由于自然语言中存在大量的同义词，用户检索时很难全部列举出表示同一概念的不同词汇的表达形式，因而在检索时容易造成漏检。勾选同义词选项，可在检索时使用 ERIC 词表中的同义词表，可以解决检索系统的漏检问题，实现系统的同义词扩展检索，提高检全率。另外，ERIC 叙词表中还有大量停止使用的叙词，勾选停用主题词，也对检索结果进行扩展。

6.3.2.2　ERIC 叙词表微观结构

ERIC 叙词表的微观结构主要是指主题词的款目结构。ERIC 叙词表根据语义情况，依次设置属、分、代、参各项参照，揭示与相关叙词之间的各种语义关系，即为上位词（Broader Terms）、下位词（Narrower Terms）、入口词（Use this term instead of）和相关词（Related Terms）四种关系。同时还包括类目（Category）、范围注释（Scope Note）、添加日期（Add Date）、登记号（Postings）等信息，其中范围注释是对叙词项的补充说明，包括含义注释和历史注释等，具体的数据格式见图6-5。另外，非叙词下只设用项，用于指向相应的叙词（见图6-6）。

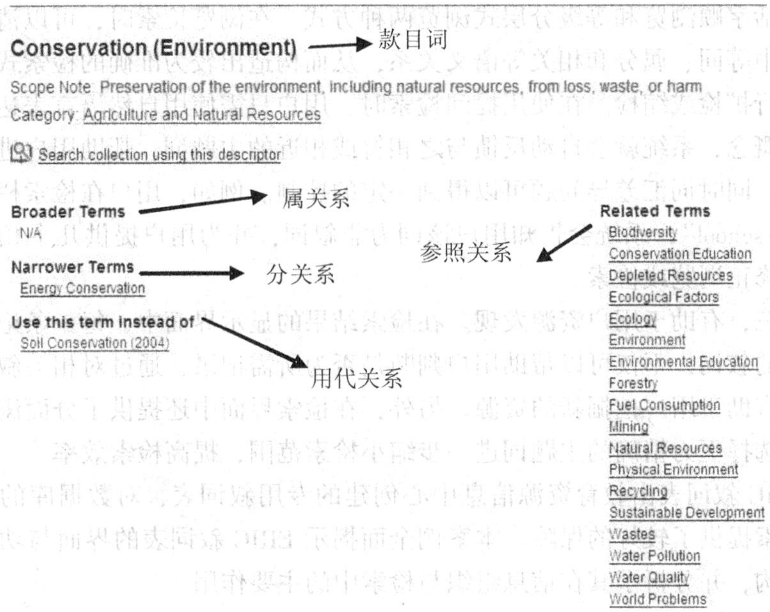

图6-5 ERIC叙词款目样例

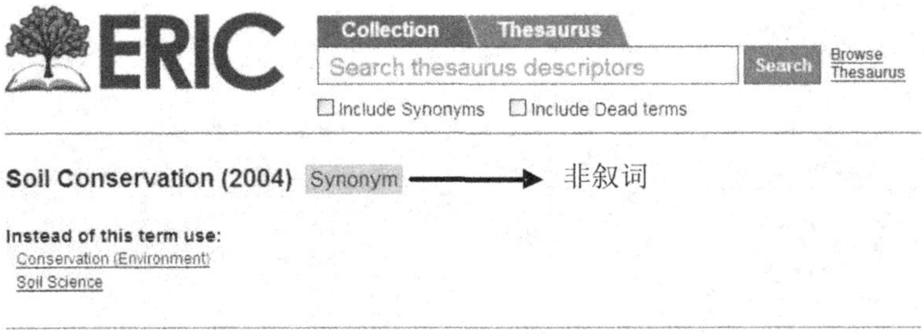

图6-6 ERIC非叙词款目样例

6.3.2.3 ERIC叙词表主要作用

ERIC叙词表在信息组织与检索中的作用主要表现为：

第一，优化网站资源的信息组织。ERIC叙词表嵌入到数据库系统中，可采用叙词表进行自动标引或由联机编目人员手工标引每篇文献的主题词，这样提升了网站信息资源组织与管理的质量。

第二，帮助用户选择合适的检索词，提高用户检索效率。ERIC 叙词表提供浏览检索和提问检索两种方式，帮助用户确定所需的主题词。主题浏览检索方式包括字顺浏览和等级分层式浏览两种方式。在浏览检索时，可以清楚地查看词表中等同、属分和相关等语义关系，从而构造出较为准确的检索式，方便用户进行扩检或缩检。在使用提问检索时，用户只需使用自然语言表达出所要检索的概念，系统就会自动反馈与之相符或相近的主题词，帮助用户进一步精确检索，同时词汇差异问题可以得到一定的控制。例如，用户在检索栏中输入“middle school”，系统会告知用户该词为非叙词，并为用户提供几个相关的叙词进行修正浏览或检索。

第三，有助于用户资源发现。在检索结果的显示界面中，每一条记录下都有相应的叙词，不仅可以帮助用户判断是否为所需记录，通过对相关叙词的浏览，还有助于用户挖掘新的资源。另外，在检索界面中还提供了分面浏览，用户可以选择更为精确的主题词进一步缩小检索范围，提高检索效率。

ERIC 叙词表由教育资源信息中心创建的专用叙词表，对数据库的信息组织与检索提供了较好的保障。本案例全面揭示 ERIC 叙词表的界面与功能以及宏观结构，并分析了其在信息组织与检索中的主要作用。

第7章 网络信息资源的组织

随着互联网的迅速普及和网络信息的快速增长，网络越来越深入地融入和影响着我们的生活，逐渐成为人们生活中重要的一部分。网络环境下的信息资源有着不同于传统信息资源的一些新特点：一方面，网络信息资源数量庞大、种类繁多且动态性强，电子书刊、网络版参考工具书、在线联机目录、数据库、软件、音频、视频和其他形式的信息等，组成了巨大的网络信息库；另一方面，网络环境下，信息庞杂无序，形式新颖丰富，用户的需求和信息组织的技术环境都发生了很大的变化，这些都对信息组织提出了新的要求。

7.1 实验目的及要求

（1）了解传统信息组织方法在网络信息组织中的应用方式。

（2）了解网络环境下新的信息组织方法和应用。

7.2 实验内容

（1）调查《中图法》在重庆维普《中文科技期刊数据库》中的运用。

（2）分析主题指南 Open Directory 信息组织案例。

（3）调查分众分类法的使用。

7.3 实验操作指导

本实验包括分类法（以《中图法》为例）、主题法、大众分类法等在网络信息组织中的运用。

7.3.1　《中图法》在《中文科技期刊数据库》中的运用

《中文科技期刊数据库》（以下简称“维普期刊库”）由重庆维普资讯有限公司制作，是全国最大的综合性文献数据库之一，包含了 1989 年至今的 8 000余种期刊刊载的2 000 余万篇文献，并以每年 180 万篇的速度递增。数据库按照《中图法》进行分类，将所有文献分为社会科学、自然科学、工程技术、农业科学、医药卫生、经济管理、教育科学和图书情报 8 个专辑，并进一步细分为 29 大类的综合性文献数据库，包含了 28 个专题，方便用户从专业角度浏览和选择信息。

通过对文献的分类标引，提供分类导航。点击《中文科技期刊数据库》，在其“传统检索”栏目，用户可以选择“分类导航”，通过左边的类目树框，层层浏览《中图法》类目检索资源，点击到导航目录的不可现细分的类目，右框就会显示链接的相关文献（见图 7-1）。

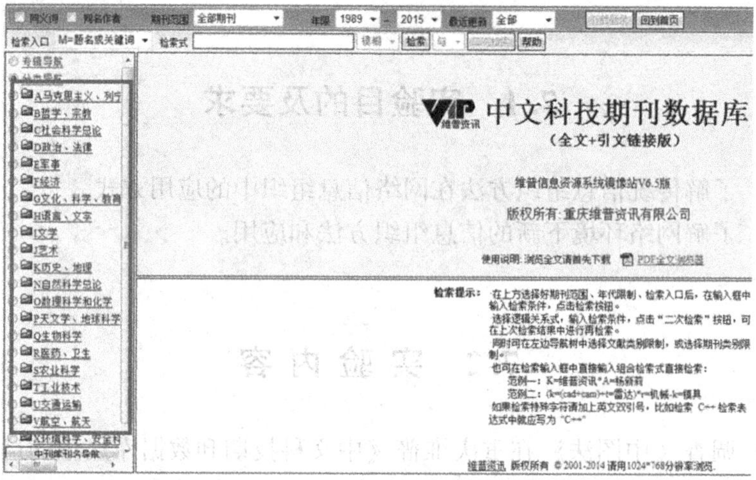

图 7-1　维普期刊网分类导航界面

点击“高级检索”图标，选择分类号字段的“查看分类表”，即可进入分类表页面（见图 7-2）浏览类目表。分类大项前的加号“+”可以点击扩展，可根据检索需要，勾取所需要的分类，点击添加删除按钮中的 >> ，即可将限制分类选取在搜索页中的“所选分类”之中。用户还可以使用双击或单击

[<<] 来删除不需要的分类限制。如查找有关分类法与主题法方面的文献，可同时勾选“G254.1 分类法”及“G254.2 主题法”，点击 [>>] 按钮，添加到“所选分类”框中。点击“确定”，选中的类号则显示在“高级检索”界面中的分类号选项框中。

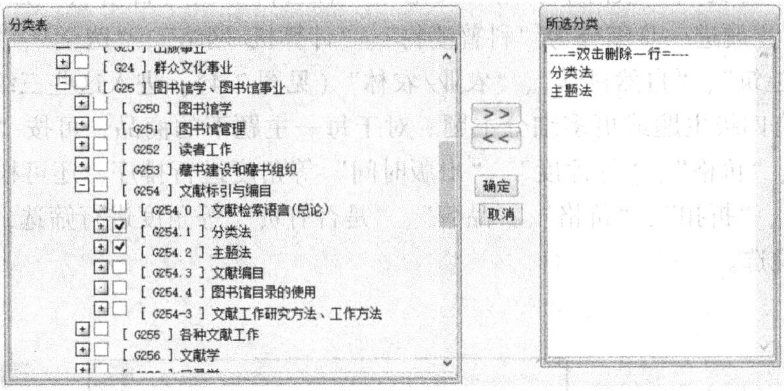

图 7-2 维普期刊网“查看分类表”截图

7.3.2 主题分类在当当网信息组织中的应用

7.3.2.1 当当网简介

当当网（www.dangdang.com）是全球知名的综合性网上购物商城，由国内著名出版机构科文公司、美国老虎基金、美国 IDG 集团、卢森堡剑桥集团、亚洲创业投资基金（原名软银中国创业基金）共同投资成立。从 1999 年 11 月当当网（www.dangdang.com）正式开通至今，当当网已从早期的网上卖书拓展到网上卖各品类百货，包括图书音像、美妆、家居、母婴、服装和 3C 数码等几十个大类，其中在库图书、音像商品超过 80 万种，百货 50 余万种。在图书品类，当当网占据了线上市场份额的 50%以上，同时占据全国图书零售市场份额的 1/3。

7.3.2.2 分类导航系统分析

在信息分类方面，当当网主要采用主题法进行组织，将全部商品划分为 14 大主题，分别是：“图书/童书/电子书”、“服饰/内衣”、“鞋靴/箱包”、“运动户外”、“孕/婴/童”、“家居/家纺/汽车”、“家具/家装/康体”、“美妆/个人护理/成人”、“食品/茶酒/宠物”、“珠宝饰品/手表眼镜”、“手机/数码”、“电脑办公”、“家用电器”、“教育/卡券/旅行/充值”（见图 7-3），每一主题下再细分为若干二级类目和三级类目。以“图书/童书/电子书”为例，其下主题包括“文艺”、“教育”、“人文社科”、“经管励志”、“科技”、“生活”、“刊/进口书”、“音像”、“电子书”、“图书榜”等二级主题，二级主题下又划分为若干三级主题，如“人文社科”主题下细分的三级主题有“哲学宗教”、“历史”、“政治军事”、“文化”、“社会科学”、“古籍”、“法律”；而“科技”主题进一步细分为“科普读物”、“计算机/网络”、“医学”、“工业技术”、“建筑”、“自然科学”、“农业/农林”（见图 7-4）。进入这些三级主题界面，还有四级主题或更多细分主题。对于每一主题下的商品，可按“默认”、“销量”、“价格”、“好评度”、“出版时间”等角度进行排序，还可根据“客户评分”、“折扣”、“价格”、“品牌”、“是否有货”等角度进行筛选，方便用户进行挑选。

图 7-3　当当网信息分类及检索界面

同时，在网站的上部，还提供搜索框，用户可以直接检索需要的商品。在检索框的下方，还提供了最热门大类的链接，包括“图书”、“电子书”、“服装”、“运动户外”、“孕婴童”、“家居”、“当当优品”、“电器城”等，方便用户从不同角度和入口选购所需商品。

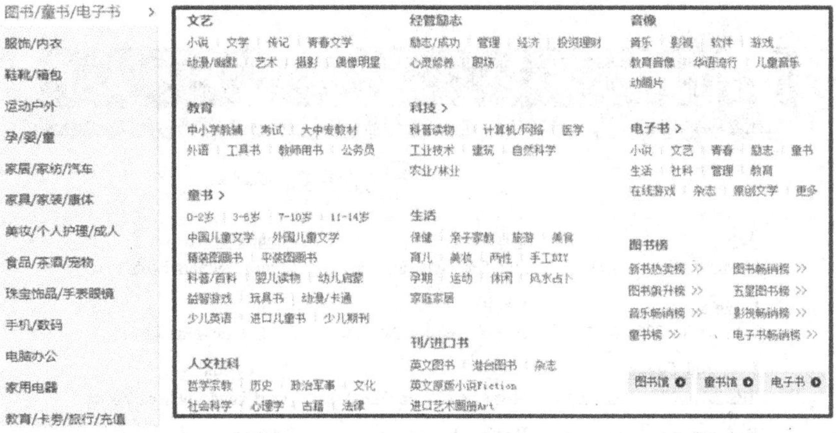

图 7-4 当当网“图书/童书/电子书”类目及其细分主题

7.3.3 网络指南 Open Directory 的信息组织

7.3.3.1 Open Directory 简介

开放目录项目（Open Directory Project，以下简称 ODP）由 Rich Skrenta 创建于 1998 年 6 月，最初取名 Gnuhoo，同年 7 月，更名为 NewHoo，成为一个完全开放的、由网民共建的、网络共享的网络分类目录。1998 年 11 月被 Netscape 收购后，更名为 Open Directory。从 1999 年 4 月起，ODP 的数据被 Lycos、Dogpile 等搜索引擎相继采用。至 2000 年 4 月，ODP 的数据库规模超过了 Yahoo!，成为 Internet 上最大的网络目录。ODP 与其他网络分类目录的主要不同表现在：由网民群体免费创建和管理，并且免费提供使用。ODP 根据志愿编辑的特点，建立了一整套编辑管理体系和标引规范，可以通过网络用户的直接参与，改进网络资源的组织。目前，Google、Netscape、Dogpile、Thunderstone、Linux 等著名搜索引擎都在使用 ODP 的数据库。

7.3.3.2 Open Directory 的类目体系

①基本大类。

ODP 的基本大类共 16 个（见图 7-5）：分别为 Arts（艺术）、Business（商业）、Computers（计算机）、Games（游戏）、Health（健康）、Home（家庭）、Kids and Teens（青少年）、News（新闻）、Recreation（娱乐）、Reference（参考）、Regional（地区）、Science（科学）、Shopping（购物）、Society（社会）、

Sports（体育）与 World（世界），按字顺排列大类顺序。

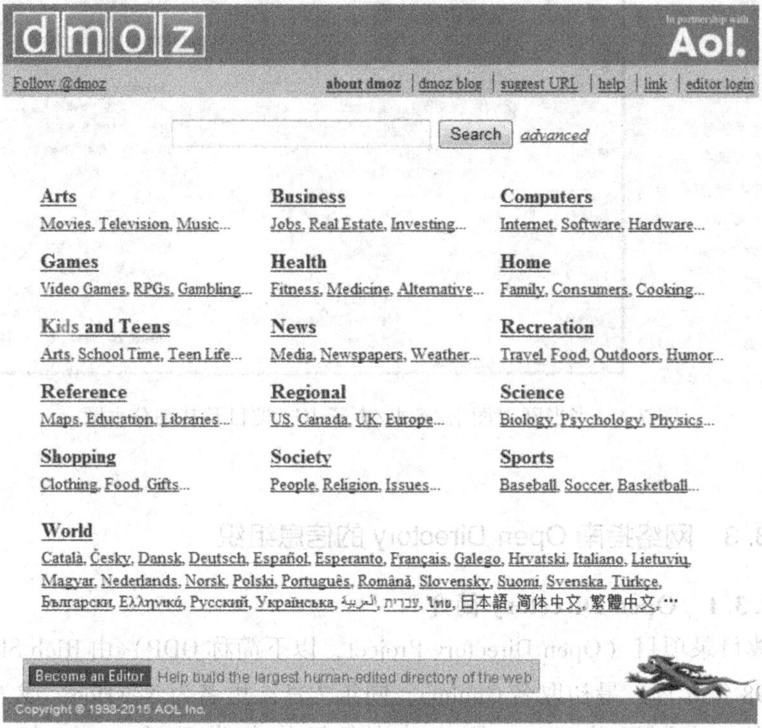

图 7-5　Open Directory 的基本大类

② 类目的展开。

以一级类目 News 为例，其二级目录如图 7-6 所示。

由图 7-6 可以看出，ODP 对二级类目按不同标准进行了划分。在 News 下分别按内容主题（分析与评论、快讯、学院和大学、时事动态、更多资讯、头条链接等）、载体形式（期刊、杂志及电子杂志、报纸、个性化新闻、广播、电视等）进行归类，显示了较强的灵活性和实用性。其二级类目设置采用多重列类方法，分类依据灵活多样，采用用户所熟悉的且易于接受的标准。二级类目之下，还列出了参见（See also），连接了不同大类之间的相关类目，使整个分类体系更为实用。

此外，在参见之后还列出其他语种关于此主题的目录，每种语言后括号中还详细标出条目的数量，如图 7-7 所示。这种按语种分类的体系可以看做分类法中通用语种复分表的一种应用。

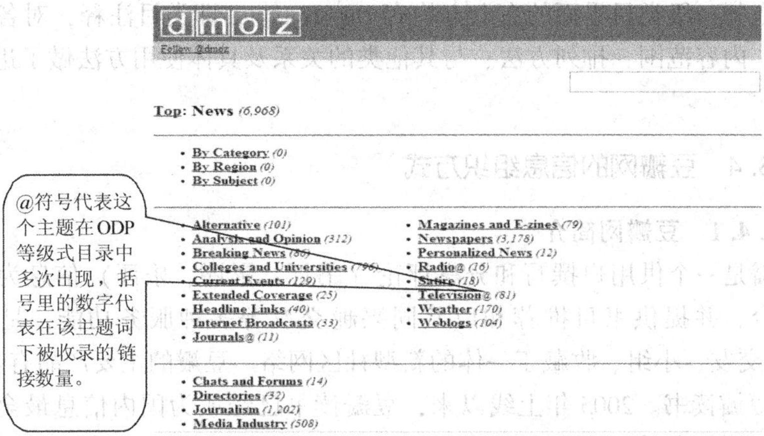

图 7-6 News 下的二级类目

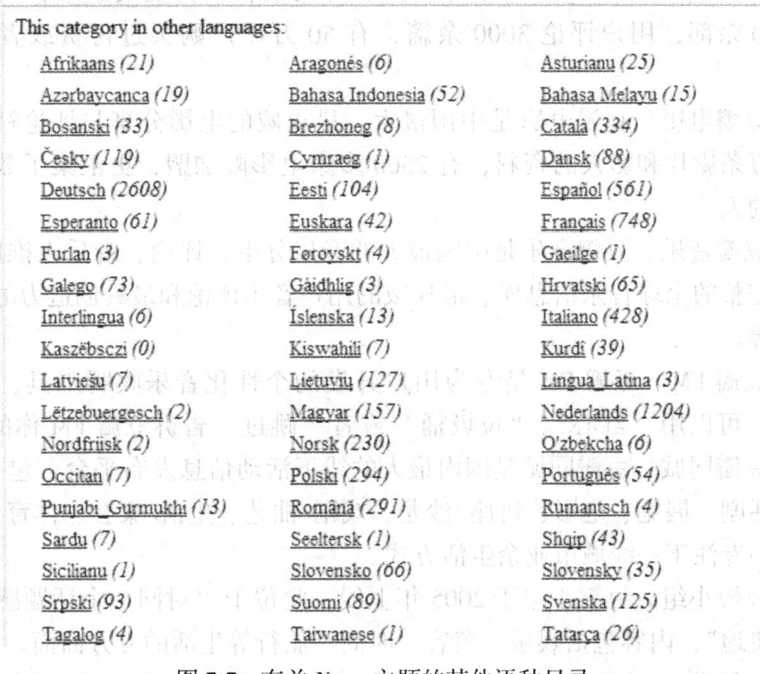

图 7-7 有关 News 主题的其他语种目录

③ 解释与说明。

ODP参照图书分类法的方式，在大类和类目内容范围上也进行了说明与注释，在每一级类目界面的右上方均有Description，即类目注释，对各个类目的含义、内容范围、排列方法、与其他类的关系及具体使用方法做了进一步解释。

7.3.4 豆瓣网的信息组织方式

7.3.4.1 豆瓣网简介

豆瓣是一个供用户撰写和分享评论（书评、影评、乐评）信息为核心的网络平台，并提供书目推荐和以共同兴趣交友等多种服务功能，是一个集BLOG、交友、小组、收藏于一体的新型社区网络。豆瓣的主要产品有：

➢ 豆瓣读书。2005年上线以来，豆瓣读书已经成为国内信息最全、用户数量最大且最为活跃的读书网站，专注于为用户提供全面且精细化的读书服务，同时不断探索新的产品模式。

➢ 豆瓣阅读。它是豆瓣读书2012年推出的数字阅读服务，支持Web、iPhone、iPad、Android、Kindle等桌面和移动设备，自上线以来，商店作品已达600余部，用户评论3000余篇，有50万用户购买过付费或者免费作品。

➢ 豆瓣电影。豆瓣电影是中国最大、最权威的电影分享与评论社区，收录了百万条影片和影人的资料，有2500多家电影院加盟，更汇聚了数千万热爱电影的人。

➢ 豆瓣音乐。豆瓣音乐是中国最大的音乐分享、评论、音乐人推广社区，拥有最完整的全球音乐信息库、最权威的用户音乐评论和最具创造力的独立音乐人资源。

➢ 豆瓣FM。豆瓣FM是专为用户开发的个性化音乐收听工具，打开就能收听，可以用“红心”、“垃圾桶”或者“跳过”告诉豆瓣FM你的喜好。

➢ 豆瓣同城。豆瓣同城是国内最大的线下活动信息发布平台，包括音乐/演出、话剧、展览、电影、讲座/沙龙、戏剧/曲艺、生活/聚会、体育、旅行、公益……专注于一线城市业余生活方式。

➢ 豆瓣小组。豆瓣小组于2005年上线，定位于“对同一个话题感兴趣的人的聚集地”，内容包括娱乐、美容、时尚、旅行等生活的方方面面。

综上所述，豆瓣已从一个图书评论和推荐为主的网站，发展成一个集阅读、看电影、听音乐以及吃穿住用等兴趣小组在内的生活文化内容点评和分享网络社区。

7.3.4.2 大众分类法（Folksonomy）及其豆瓣网的应用分析

大众分类法（Folksonomy）是由“Folks”和“Taxonomy”组合而来，Folks在英文中是比较口语化的词，表示“一群人，一伙人”的意思，Taxonomy则是指分类法，它是信息架构（Information Architecture）中一个重要部分。而“Folksonomy”是指“群众”自发性定义的平面型非层级结构式标签分类，现有“分众分类法”、“通俗分类法”、“大众分类法”、“民众分类法”、“俗民分类法”等不同的翻译名称。这种分类是平面化的，没有等级层次的划分，尽管存在不够严谨，缺乏准确度等问题，这种平面延伸的分类方法方便、灵活，不受条件限制。所以这种以自定义标签形式的大众分类在现下流行的社会性网络服务中得到了广泛的应用，例如Delicious、Flickr和43things等。

豆瓣网提供添加标签功能。用户可以建立自己的电子书架，将感兴趣的图书收藏起来。在收藏时，为了使用方便，可以给图书添加一些标签，便于以后浏览查找。在添加标签时，系统会显示其他成员经常使用的标签（按使用频次排列），供用户参考。豆瓣网搜集这些标签并用于图书的组织和导航（见图7-8）。

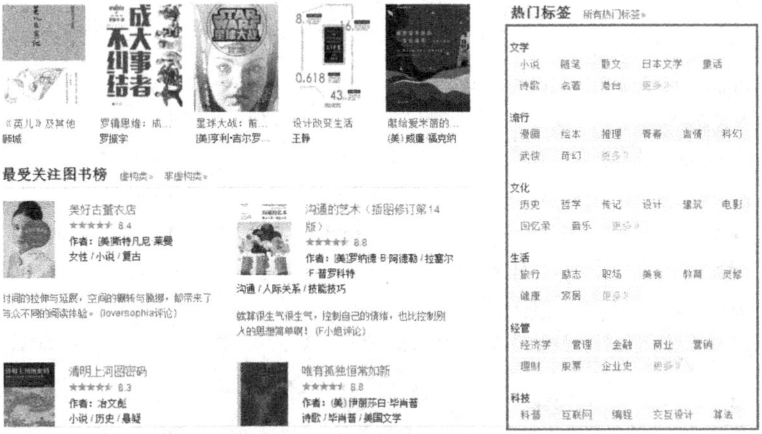

图7-8 豆瓣读书的标签分类

由图7-8可看出，与传统分类法和当当网的分类主题相比，豆瓣的一级类目相对较少，只有6个：文学、流行、文化、生活、经管、科技。每个一级类目下又细分为若干二级类目，点击该类目名称链接，即可进入查看以该类目为标签的图书（见图7-9）。但仔细分析发现，这些二级类目并没有严格的逻辑，如以“文学”为例，其下的二级类目包括“小说”、“外国文学”、“文学”、“随笔”、“中国文学”、“经典”、“散文”、“日本文学”、“村上春树”、“童话”、“诗歌”、“杂文”等。可以看出，这些类目有的按文学体裁分，如“小说”、“童话”、“诗歌”、“杂文”，有的按国别和地域分，如“中国文学”、“外国文学”、“日本文学”，有的按时代划分，如“古典文学”、“当代文学”，有的又按作者划分，如“村上春树”、“王小波”、“张爱玲”等。而且不同的划分角度并没有区分开来，而是彼此混杂在一起。类目之间也没有严格的逻辑，存在着交叉重叠的现象，如“外国文学”和“日本文学”、“外国名著”，“中国文学”和“港台”、“王小波”、“张爱玲”、“余华”、“钱锺书”、“鲁迅”等。概念间缺乏严格的逻辑规范。但从另一个角度来说，这也正是大众分类法的优势，即这些标签都是用户添加的结果，系统只是根据标签做一个大致的归类，这样最大限度地保留了用户添加的实际情况，也有助于用户更快地找到所需资源和参考相关资源。

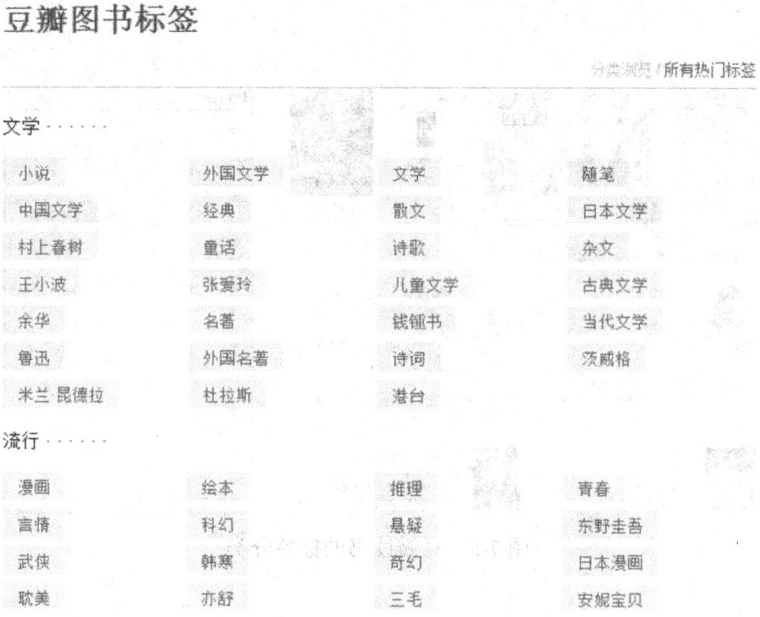

图 7-9　豆瓣文学类下的标签图

点击“钱锺书”类目，其类下汇集的资源包括“关于钱锺书的书”、“关于钱锺书的影视”、“关于钱锺书的小组”“关于钱锺书的图文”等（见

图 7-10）。

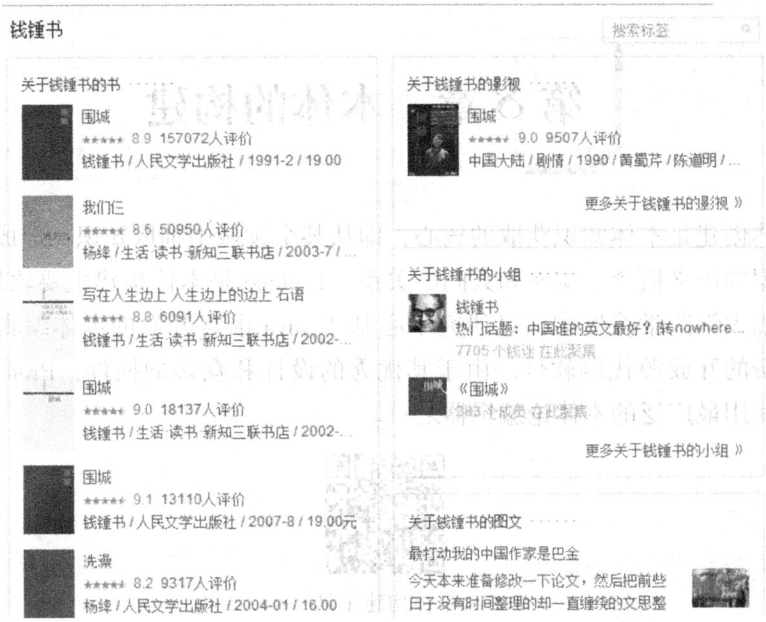

图 7-10　豆瓣文学类“钱锺书”类目的资源截图

本章习题

（1）调查《中国图书馆分类法》在其他网络信息平台中的应用案例，并分析其用于网络信息组织的优势和不足。

（2）调查其他应用主题指南进行网络信息组织的案例，并分析主题指南应用于网络信息组织的优势、不足和改进之处。

（3）调查其他应用大众分类法进行网络信息组织和导航的案例，并分析大众分类法应用于网络信息组织的优势、不足和有待改进之处。

第8章　本体的构建

本体创建是本体知识获取的核心，即从某个领域中抽取知识，形成描述该领域数据的语义概念、实例和其间的关系。Protégé 是本体构建主要软件之一，是斯坦福大学医学院生物信息研究中心基于 Java 语言开发的本体编辑器，是一个免费的开放源代码软件。由于其优秀的设计和众多的插件，Protégé 已成为目前使用最广泛的本体论编辑器之一。

本体构建工具
Protégé 的使用

8.1　实验目的与要求

（1）了解本体构建软件 Protégé 的功能与特点。

（2）通过上机操作练习，熟练掌握 Protégé 的各种操作，如菜单栏、工具栏、类目树框、检索栏、详细窗的操作方法。学会使用 Protégé 创建本体。

8.2　实验内容

（1）上机操作，掌握本体构建软件 Protégé 的操作方法。

（2）使用 Protégé 完成基于主题词表的数字出版领域本体的构建。

8.3 实验操作指导

8.3.1 本体基础知识

本体是用来描述某个领域的知识，它描述了该领域内概念和概念间的关系。它有着很广的应用范围，如人工智能、语义网、生物医学、生命科学、出版领域、文化传承领域、图书馆学等。常见的本体主要有以下这些构成要素：类（集合、概念）、实例、属性、关系、约束（限制）、规则、公理等。

本体语言主要有3种：DAML+OIL、RDF、OWL。

①DAML：DARPA Agent Markup Language（美国国防高级设计研究署代理置标语言）是美国国防高级设计研究组（DARPA）使用的一种标记语言，它是基于扩展标记语言（XML）的。DAML的设计目标是在描述对象和对象之间关系上面具有比XML更强的能力，它可以表达语义，可以在网络站点之间创建更高的协同级别。

②RDF（Resource Description Framework），也就是资源描述框架。RDF用一套特定的术语来表达陈述中的各个部分，一个RDF语句由主、谓、宾3个部分组成。关于事物的陈述中用于识别事物的那部分叫做主体，而用于区分陈述对象主语的各个不同属性的那部分就叫做谓词，陈述中用于区分各个属性的值的那部分叫做客体。比如Person hasName“Tom”这个RDF语句，person就是主语，hasname是它的一个属性，也就是谓语，而Tom就是它这个属性的值，也就是宾语。

③OWL（Web Ontology Language）。OWL有3个子语言：OWL-Lite、OWL-DL、OWL-Full。其表达能力由弱到强，OWL-Lite的语法最简单。OWL-DL比OWL-Lite的表达能力强，它基于描述逻辑，能够自动计算层次分类和检测到本体中的不一致。OWL-Full的表达能力最强，但是推理能力就相对较弱。

8.3.2 Protégé界面

在Protégé界面中，一个空白待创建的本体由5种标签页组成，分别是本体元类、实体、类、属性、个体和插件，每个标签页的页面大致相同（以Protégé4.3为例）。图8-1是类标签页的界面，由标题栏、菜单栏、地址栏、标签栏、浏览框、编辑框六部分组成。

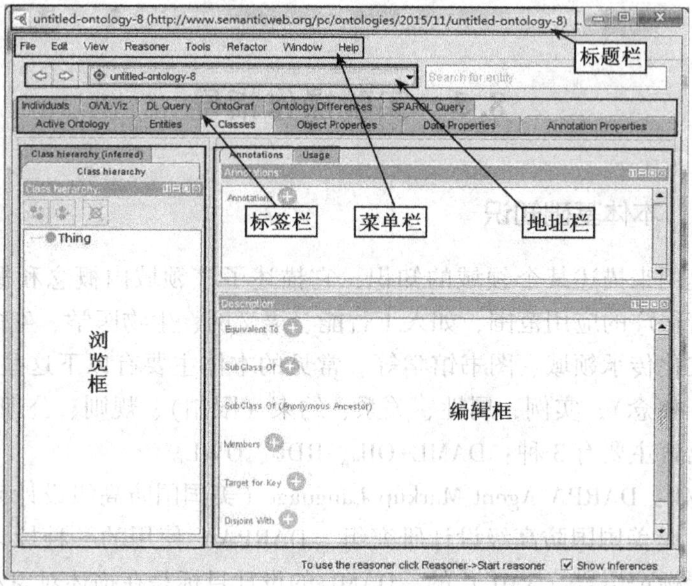

图 8-1　类标签页界面

图 8-2 是属性标签页，主要由左边的属性浏览框和右边的属性编辑框组成。

图 8-2　属性标签页

图 8-3 是个体标签页，主要由个体浏览框和个体编辑框组成。

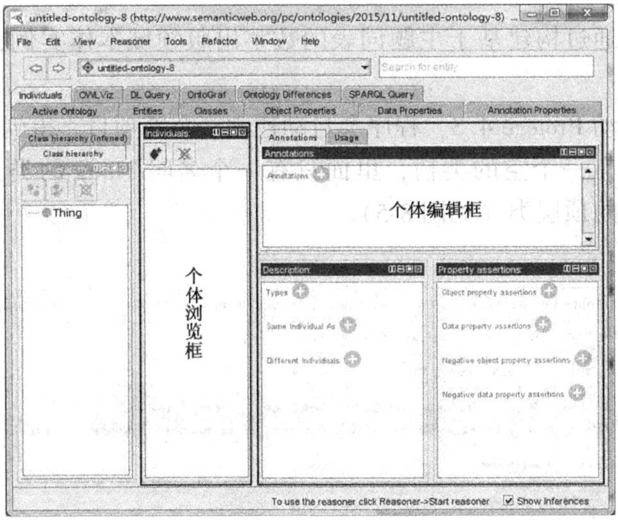

图 8-3　个体标签页

图 8-4 是可视化显示本体中的概念及关系的插件 OntoGraf 的标签页。

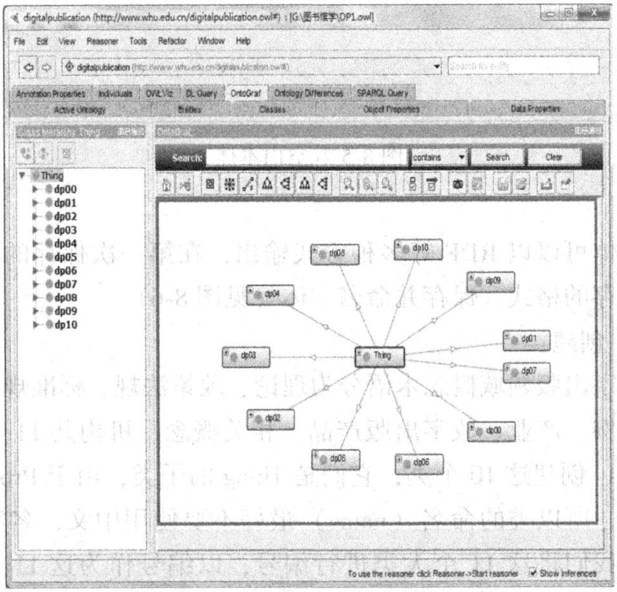

图 8-4　插件 OntoGraf 标签页

8. 3. 3　Protégé 基本操作

我们主要通过构建基于主题词表的数字出版领域本体实例，介绍 Protégé 的具体操作。

首先，启动 Protégé 4. 3，程序会自动建立一个新项目，得到一个空白的本体文件，左侧有一个空的类树，里面只有一个名叫 Thing 的类，它是一个超类，是所有类的顶层类（见图 8-5）。

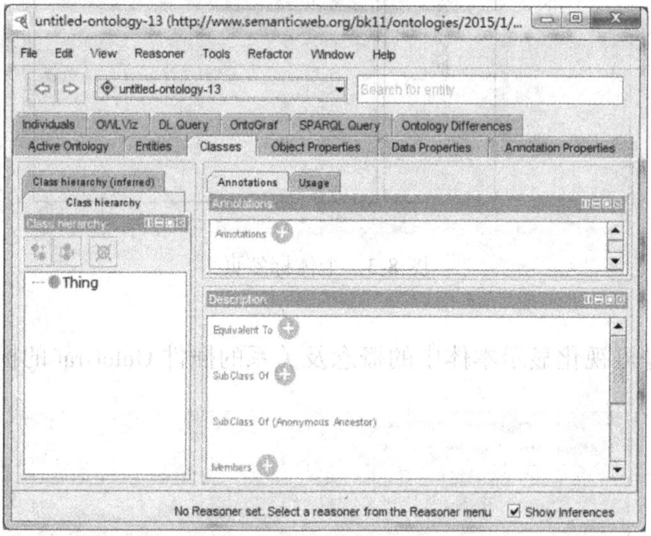

图 8-5　空白本体

创建的本体可以以 RDF 等多种方式输出，在第一次保存的时候，Protégé 会要求选择保存的格式，保存并命名本体（见图 8-6）。

8. 3. 3. 1　创建类

我们将数字出版领域概念术语分为理论、政策法规、标准规范、技术、工具、流程、案例、产业、数字出版产品、相关概念、机构共 11 个大类，选择 Classes 标签页，创建这 10 个类，它们是 Thing 的子类，由于 Protégé 对中文的支持不是很好，所以类的命名（name）最好不要使用中文，名字中也不用出现空格，为此我们将这 11 个大类进行编号，以编号作为这 11 个类的 name，编号结果如下：

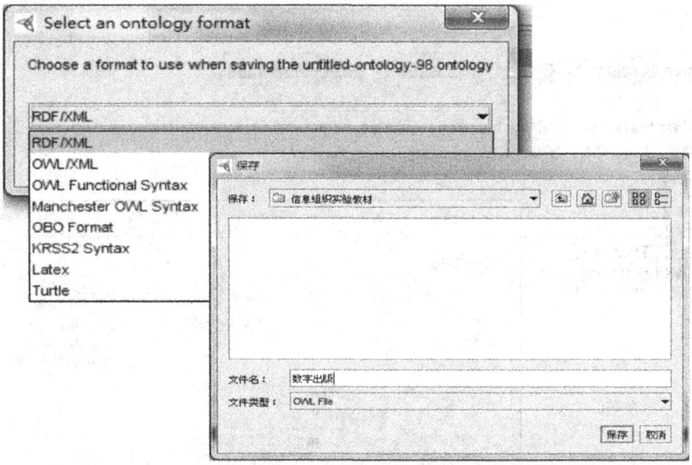

图 8-6 保存并命名本体

DP00 理论
DP01 政策法规
DP02 标准规范
DP03 技术
DP04 工具
DP05 流程
DP06 案例
DP07 产业
DP08 数字出版产品
DP09 相关概念
DP10 机构

Protégé 有两种创建类的方式：

①通过类标签页的 add class 按钮创建：这种方式一次只能创建一个类(见图 8-7)。

②通过菜单栏“Tools”中的“Create class hierarchy...”按钮创建：这种方式可以批量创建多个子类。图 8-8 是“Create class hierarchy...”的界面，子类可能有着相同的前缀（Prefix）或者后缀（Suffix），为避免重复输入，可以批量进行设置，通过观察可以发现我们要创建的这 11 个类的前缀都是“DP”，于是输入“DP”作为前缀，在下面的输入框中输入除去前缀后的子类名，一

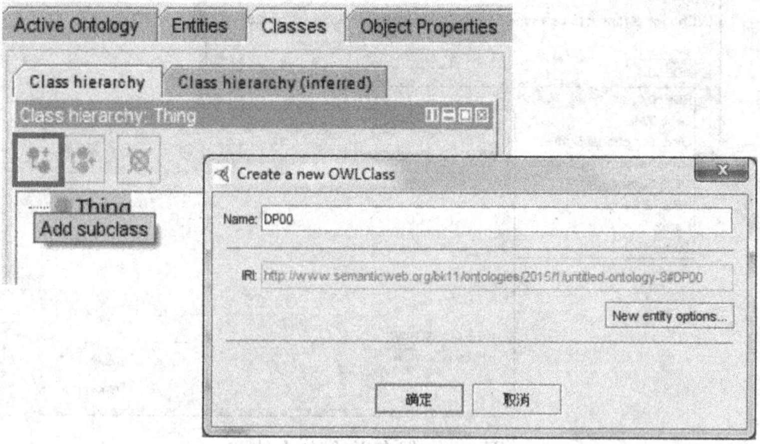

图 8-7　通过类标签页的 Add class 按钮创建类

行表示一个子类，接着取消勾选“Make sibling classes disjoin”复选框，点击 Finish 完成创建。

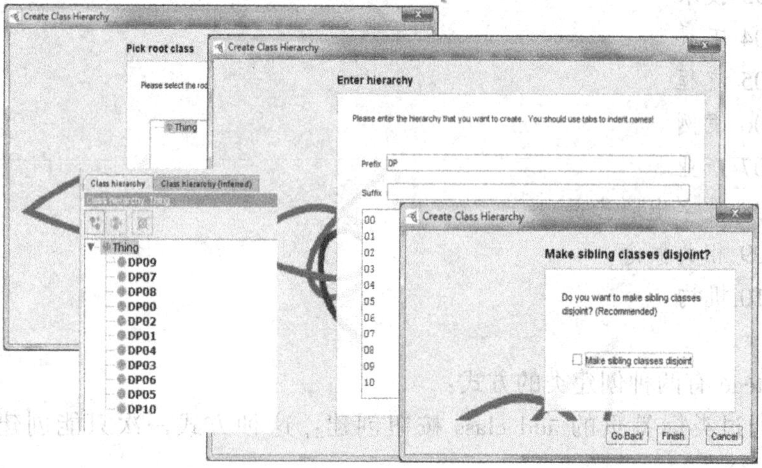

图 8-8　通过“Create class hierarchy...”按钮创建类

8.3.3.2　创建属性

OWL 主要有 3 种属性：

①对象属性，用于连接对象和对象，也可以说是概念之间的关系。

②注释属性，用于为类、属性等增加注释信息。

③数据属性，用于连接对象与数据。

创建对象属性的方法与创建类相似，在对象属性（Object Properties）的标签页点击创建即可，但与创建类不同的是不能批量创建子属性。每个对象属性可能有相应的逆属性，如果某个属性将对象 A 连接至对象 B，那么它的逆属性就会将对象 B 连接至对象 A。

我们先将概念间的语义关系归纳为 10 种关系，分别为：

Equals/Is synonym of	（等同于/是 ** 的同义词）
Has part/Is part of	（包含 ** 部分/是 ** 的一部分）
Has type/Is type of	（包括 ** 一类/是 ** 的一类）
Has instance/Is instance of	（有实例 ** /是 ** 的实例）
Has tool/Is tool of	（有工具 ** /是 ** 的工具）
Offer/Offered by	（提供 ** /提供者是 ** ）
Develop/Developed by	（发明 ** /发明者是 ** ）
Has standard/Is standard of	（有标准 ** /是 ** 的标准）
In relation to	（与 ** 相关）
Manage/Manage by	（负责管理 ** /管理者是 ** ）

其中，除了“In relation to”外，其余关系均以关系对的形式存在，即包含两种互逆的关系。

以 OfferedBy 为例，在“Object Properties”标签页中，选中需要创建逆属性的 OfferedBy，点击编辑框中的“Inverse Of +”，在弹出的选项卡中选中它的逆属性 Offer 进行创建（见图 8-9）。

由于使用编号作为类的 name，这样让类树看起来并不直观明了，仅仅是由一组字母与数字的组合构成，因此，我们为类添加注释属性 label：以产业类为例，产业类的编号为 DP07，选中类 DP07（见图 8-10），点击右侧编辑框中的“Annotations+”，在弹出的选项卡左侧选择 label，右侧输入“产业”完成创建。

如果软件自带的注释属性种类不能满足需要，用户可以创建自定义属性，其方法与创建对象属性相似，在注释属性（Annotation Properties）的标签页点击创建即可，不再赘述。

8.3.3.3 创建约束

在 OWL 中，属性用于创建约束（restriction），即概念之间的关系。总共有两种类型的约束（见图 8-11）：①量约束，即存在量词和全称量词；②基数

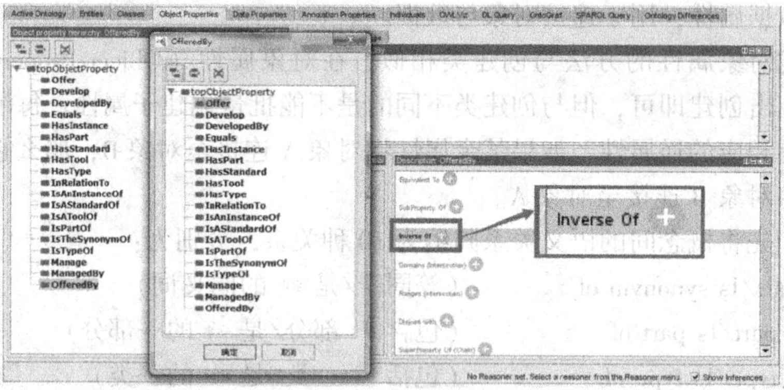

图 8-9　创建逆属性

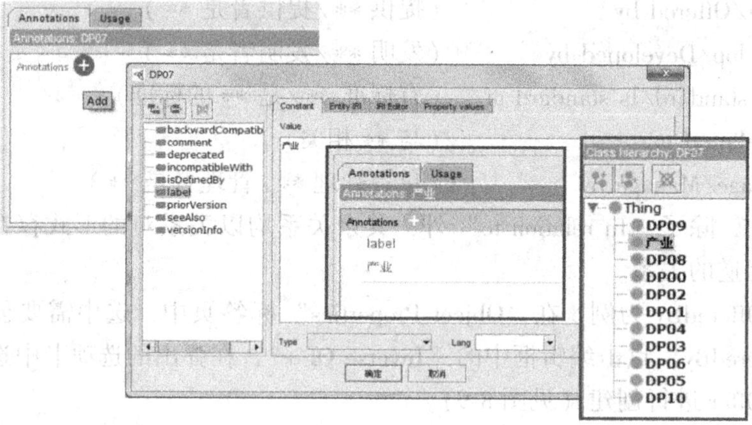

图 8-10　注释属性

约束，限制最大值、最小值，或要求精确等于某个值。

例如，为 “Adobe FrameMaker” 创建 “Developed By Adobe” 的关系，在 class 标签页中选中 “Adobe FrameMaker”，在编辑框中的 subclass of 中添加，选择 “Object restriction creator” 选项卡，创建一个 restriction，选择 “DevelopedBy” 作为谓语，some 作为约束类型，“Adobe” 作为宾语，就建立了一个约束（见图 8-12）。

8.3.4　本体实例

根据题目给出的信息，完成基于主题词表的数字出版领域本体的构建：

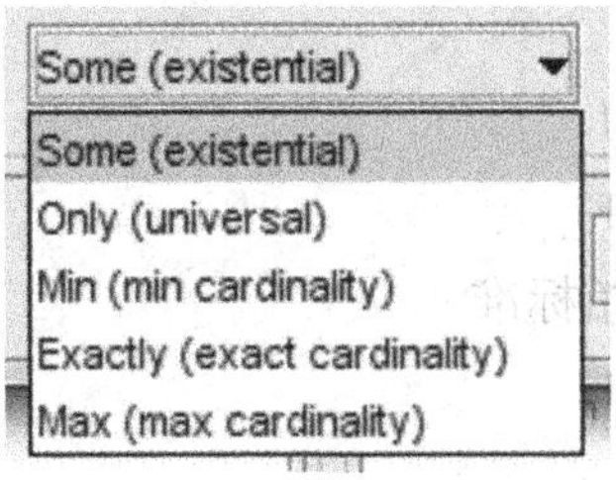

图 8-11 约束类型

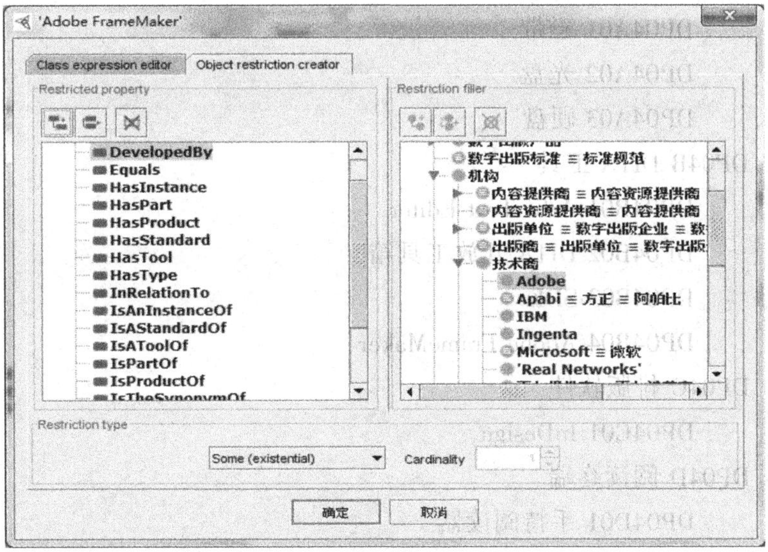

图 8-12 “Object restriction creator”选项卡

8.3.4.1 创建类，以编号为 name，概念名为 label（下表以缩进表示类目层级结构）

DP00 理论

  DP00A 概念术语

  DP00A01 移动出版

DP00B 教育培训

DP00C 数字出版环境

  DP00C01 3G

DP01 政策法规

DP02 标准规范

DP02A 格式标准

DP02A01 AVI

DP02A02 PDF

DP02B 数字图书馆标准

DP02B01 DOI

DP03 技术

DP04 工具

DP04A 存储设备

DP04A01 磁带

DP04A02 光盘

DP04A03 硬盘

DP04B DITA 工具

DP04B01 ArborText Editor

DP04B02 DITA 开放工具箱

DP04B03 SDK

DP04B04 Adobe FrameMaker

DP04C 排版软件

DP04C01 InDesign

DP04D 阅读终端

DP04D01 手持阅读器

DP04D0101 电子阅读器

DP04D0102 智能手机

DP05 流程

DP06 案例

DP07 产业

DP08 数字出版产品

DP08A 电子出版物

DP08B 数字出版物

DP08B01 电子书

DP08B02 软件

DP08B03 数据库

DP08B04 数字音像

DP08B0401 音频

DP08B0402 视频

DP09 相关概念

DP09A 美国出版商协会

DP09B CrossRef

DP09C IDF

DP10 机构

DP10A 内容提供商

DP10A01EBSCO

DP10A02Questia

DP10B 出版单位

DP10B01 万方

DP10B02 Brill

DP10C 技术商

DP10D 终端制造商

DP10D01 Adobe

DP10E 渠道商

DP10E01 巴诺

DP10E02 当当网

DP10E03 京东

8.3.4.2 创建对象属性，并设置相应的逆属性，共 10 种关系（19 个）

Equals/Is synonym of	(等同于/是 ** 的同义词)
Has part/Is part of	(包含 ** 部分/是 ** 的一部分)
Has type/Is type of	(包括 ** 一类/是 ** 的一类)
Has instance/Is instance of	(有实例 ** /是 ** 的实例)
Has tool/Is tool of	(有工具 ** /是 ** 的工具)
Offer/Offered by	(提供 ** /提供者是 **)
Develop/Developed by	(发明 ** /发明者是 **)
Has standard/Is standard of	(有标准 ** /是 ** 的标准)
In relation to	(与 ** 相关)
Manage/Manage by	(负责管理 ** /管理者是 **)

8.3.4.3　根据以下语句判断两个概念之间的关系（从题1中选择概念，题2中选择关系），并创建约束（关系）

①3G是移动出版的一种工具。

②Adobe公司开发了Adobe FrameMaker、InDesign、PDF。

③AVI是一种视频格式标准。

④DOI。1994年，美国出版商协会（American Association of Publishing, AAP）成立了非盈利组织IDF（International DOI Foundation），在CNRI Handle System的基础上，专门研发了一种既能保护知识产权又能保障版权所有者商业利益的系统——数字对象标识符（Digital Object Identifier，DOI）。目前，DOI已经得到了广泛认可，90%以上的出版商都通过DOI注册机构Crossref使用了DOI。北京万方数据股份有限公司联合中国科学技术信息研究所于2007年3月成为全球唯一的中文DOI注册机构（RA）。

⑤电子信息技术向传统图书出版产业渗透，直接催生了电子书出版产业。2010年，我国国民共阅读过电子书6.13亿本，人均阅读0.73本。电子书阅读需要借助电子阅读器进行。用户可以在Brill、EBSCO、Questia、巴诺、当当网、京东等平台购买电子书。

第 9 章　概念地图的创建

概念地图制作工具
CmapTools 的使用

9.1　实验目的与要求

（1）掌握概念地图的概念与构建方法。
（2）学习使用 Cmap Tools、Inspiration 等概念地图软件。
（3）按照要求绘制特定主题的概念地图。

9.2　实 验 内 容

（1）利用 Cmap Tools 软件，绘制专业相关主题的概念地图。
（2）利用 Inspiration 软件，绘制专业相关主题的概念地图。

9.3　实验操作指导

9.3.1　用 Cmap Tools 创建概念地图

Cmap Tools 是由概念图发明人诺瓦克教授所在的西佛罗里达大学人机认知研究所（IHIVIC）根据意义学习和建构主义的原则而专门设计开发的。它的特点包括方便自由地添加概念节点，连线的形状（直线、弧线、折线等）可以任意更改，可以导出多种格式，如图片格式（Jpg、Bmp、Jpeg），xml，网页，大纲的形式，命题的形式等。

9.3.1.1　界面介绍

①视图框。

视图框是 Cmap Tools 的组织核心，如图 9-1 所示，它具有管理本地概念图、共享概念图、打开收藏夹、查看历史文献和搜索概念图的功能。

图 9-1　Cmap Tools 视图框

②编辑框。

在编辑框的文件菜单中选择“新建概念图”或按“Ctrl+N”则弹出编辑框（见图 9-2）。它用于绘制和编辑概念图。

③样式框。

点击编辑框中的“窗口”——“显示样式调色板”后弹出样式框（见图 9-3）。样式框用于调整编辑框中概念的字体、大小、样式、颜色、对齐方式等属性值。

图 9-2　Cmap Tools 编辑框

图 9-3　Cmap Tools 样式框

9.3.1.2　构建概念地图流程

①创建概念。

在编辑框的空白处双击鼠标左键，生成一个新的概念——

，双击该概念后可为其添加/编辑文本。

②创建关系。

单击“韦棣华”概念出现

图标后，可从该概念拖曳出新的概

念，同时可编辑两个概念间的关系，如图 9-4 所示。

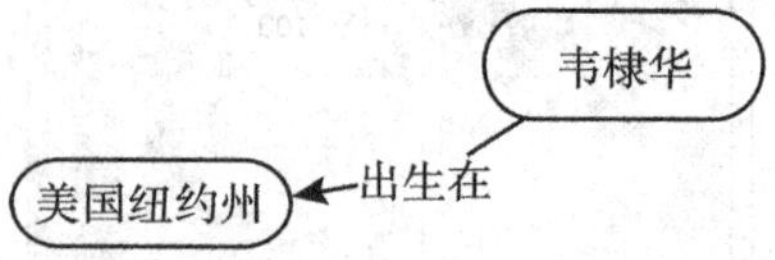

图 9-4 Cmap Tools 拖曳新概念与创建概念关系

③添加文件/网址/信息。

添加文件：选中需添加文件的概念，单击鼠标右键，选中“增加 & 编辑链接到文件”后，在弹出的对话框中选中需添加的文件即可。图 9-5 为添加了一张图片的概念示例图。

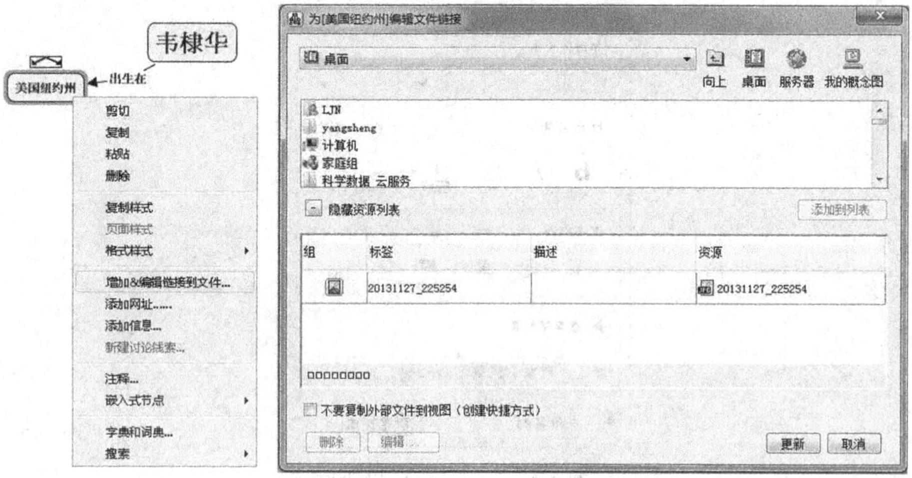

图 9-5 Cmap Tools 为概念“增加 & 编辑链接到文件”示例图

添加网址：选中需添加网址的概念，单击鼠标右键，选中“添加网址”后，在弹出的对话框中填写相关网址即可（见图 9-6）。

添加信息：选中需添加信息的概念，单击鼠标右键，选中“添加信息”后，在弹出的对话框中填写相关信息即可。图 9-7 为填写的“位于美国东北部”信息，在鼠标放置在概念上时会弹出显示；同时也可填写隐藏信息，其文本不能显示但可以被搜索。

④其他常用功能。

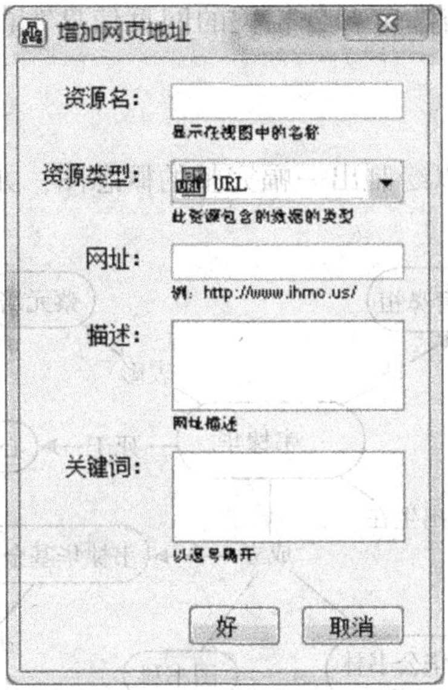

图 9-6　Cmap Tools 为概念“添加网址”示例图

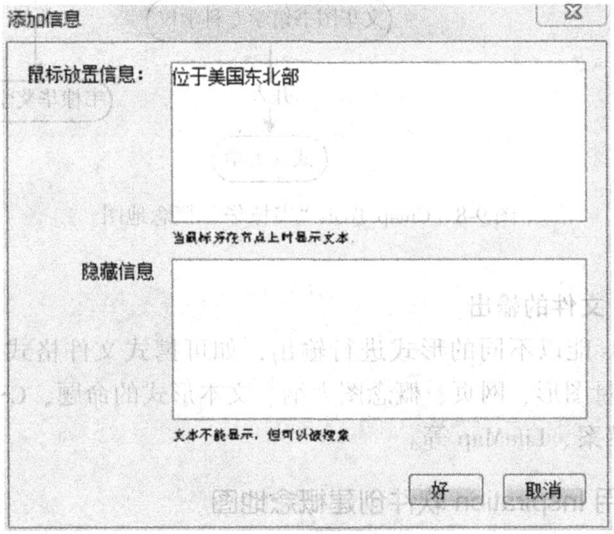

图 9-7　Cmap Tools 为概念“添加信息”示例图

除以上功能外，Cmap Tools 还能够添加注释，在图中以显示。

搜索功能：包括“概念图、文件和网页信息”的搜索；“包含选择的概念图和资源”的搜索；“与选定部分相关的网页信息”的搜索；“包含选定部分的网页信息”的搜索等。

⑤案例图。

利用以上功能，可以绘制出一幅完整的概念图，如图 9-8 所示。

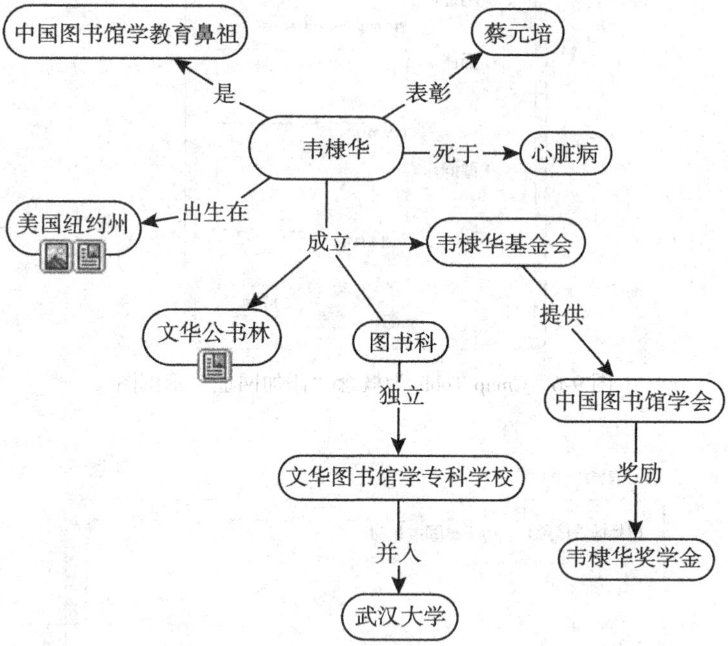

图 9-8　Cmap Tools“韦棣华”概念地图

9.3.1.3　文件的输出

Cmap Tools 能以不同的形式进行输出，如可携式文件格式、postscript 格式、可伸缩矢量图形、网页、概念图大纲、文本形式的命题、CSL 档案、XML 文件、IVML 档案、LifeMap 等。

9.3.2　用 Inspiration 软件创建概念地图

Inspiration 是美国 Inspiration 公司开发的一种专用概念图软件，现在已经发展到了 9.0 版本。Inspiration 直观、易用的界面可以非常形象地表达抽象的思维及复杂概念之间的关系。

9.3.2.1　界面介绍

打开 Inspiration，即进入图表界面（见图 9-9），可以处理、组织和排列可视化的各种信息。主要功能都列在了顶部的图表工具条、底部的格式工具条和左侧的符号控制面板中。

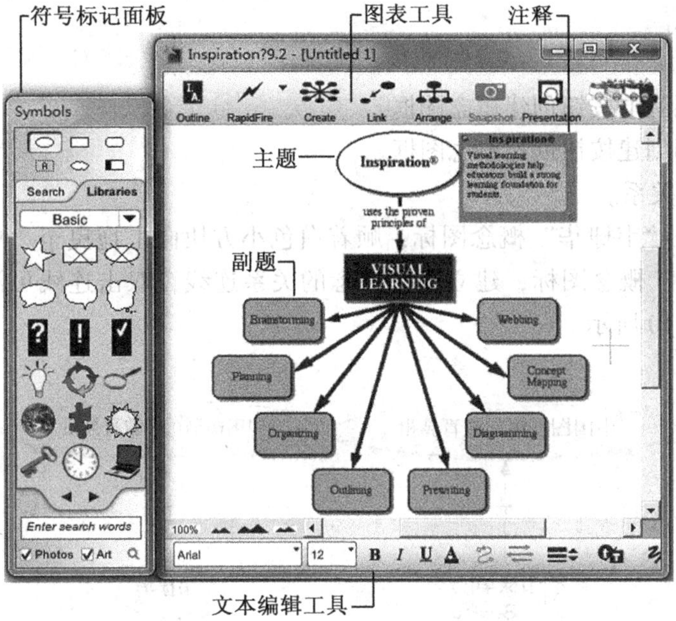

图 9-9　Inspiration 图表界面

图标工具功能介绍如下：

①  提纲视图转换——点击即可转化到提纲视图。

② 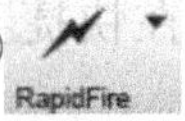 闪电按钮——快速创建概念图框。

③  创建按钮——按照相应的方位创建概念图框。

④  链接按钮——建立不同概念图框的链接。

⑤  排列按钮——选择概念的排列结构形式。

9.3.2.2　构建概念地图流程

①创建概念。

➢ 打开 Inspiration，在工作区中央就显示出一个符号框图，默认状态下里面写着“Main Idea”字样，这就是开始主题；双击

，修改图标主题内容

。

➢ 利用闪电按钮创建概念图框。

➢ 利用创建按钮创建概念图框。

②创建关系。

➢ 单击“韦棣华”概念图标，顺着白色小方块向上拖曳至“中国图书馆学教育鼻祖”概念图标，建立两个概念的关系连线，双击连线可添加关系内容，如图 9-10 所示。

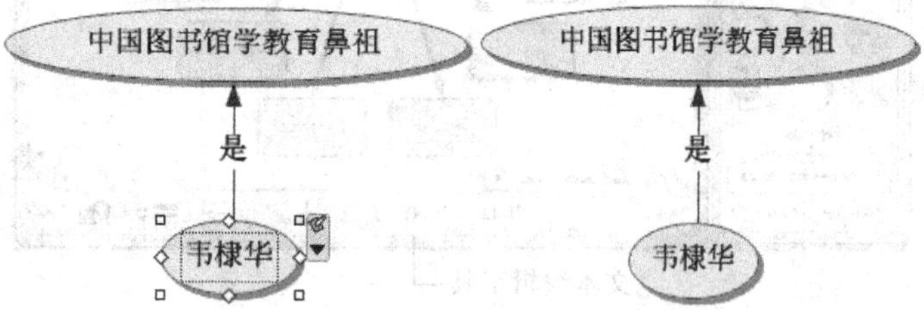

图 9-10　Inspiration 创建概念关系连线与添加关系内容

➢ 选择“韦棣华”概念图标，选择

图标中的正上方节点，点击后将会在“韦棣华”概念图标的正上方出现新的概念图标与连线。

➢ 修改连线：选择某根线条，鼠标指在其上并单击右键，在快捷菜单中可以对线条的粗细、类型、颜色、方向等进行编辑。

③添加文件/网址/邮件/信息。

➢ 添加文件/网址/邮件：选中需添加文件的概念，点击

图标后，在弹出的对话框中选中需添加的文件、网址、邮件即可。添加链接后，点击该概念图标后将直接打开链接文件或跳转网页/邮件（见图 9-11）。

➢ 添加信息：选中需添加信息的概念，点击

图标，在弹出的对话框中

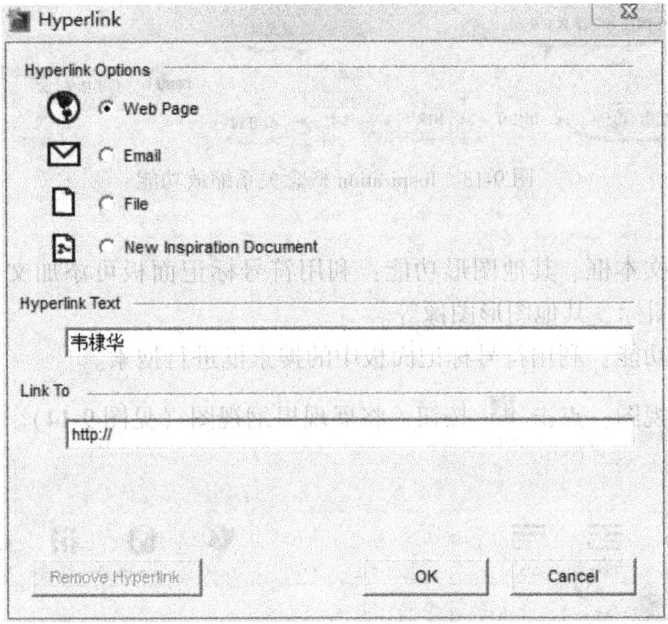

图 9-11 Inspiration 为概念添加文件/网址/邮件示例图

填写相关信息即可。利用概念图标右上角的“note”图标实现信息的收放（见图 9-12）。

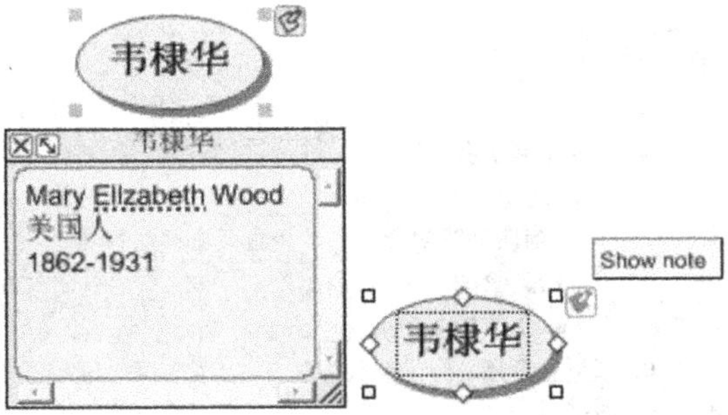

图 9-12 Inspiration 为概念“添加信息”示例图

④其他常用功能。

➢ 概念关系缩放功能：选择“韦棣华”概念图标，点击右上角的三角形符号隐藏与其相关的所有概念（见图 9-13）。

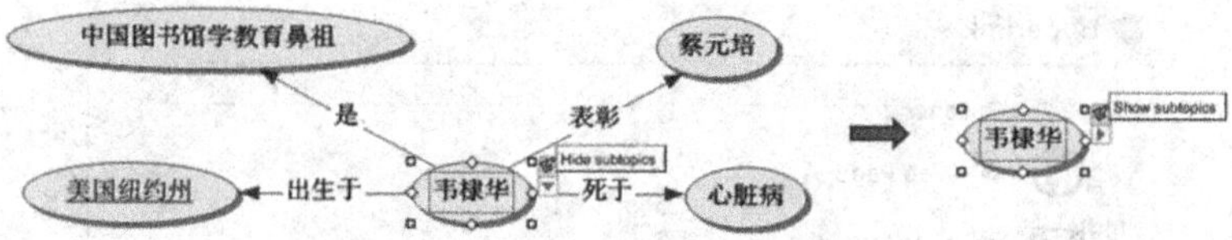

图 9-13 Inspiration 概念关系缩放功能

➢ 添加文本框、其他图形功能：利用符号标记面板可添加文本框、不同形状的概念图标、其他图形图像等。

➢ 搜索功能：利用符号标记面板中的搜索框进行搜索。

➢ 提纲视图：点击  按钮，将展现提纲视图（见图 9-14）。

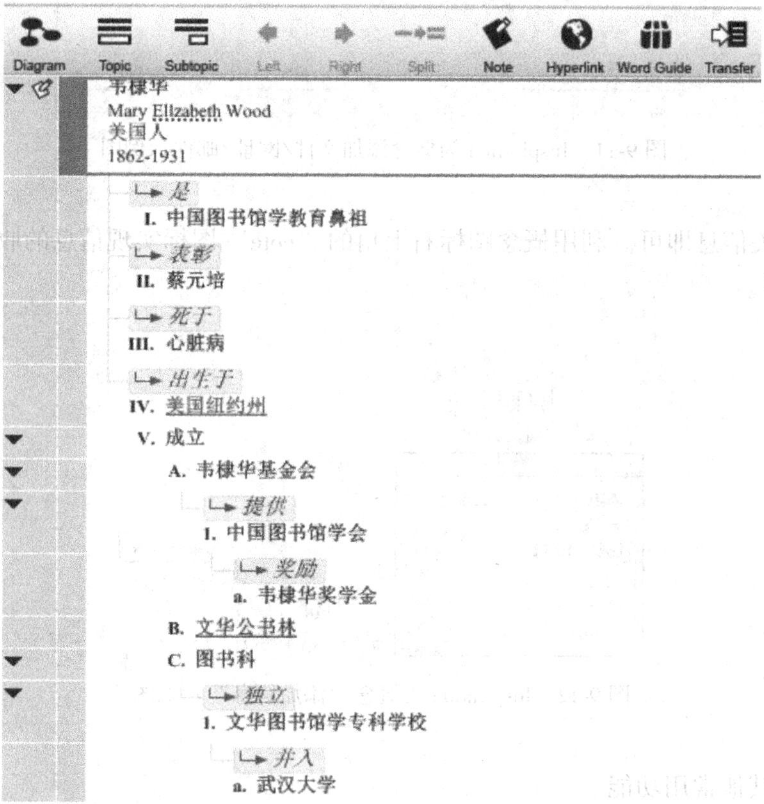

图 9-14 Inspiration 提纲视图

⑤案例图。

利用以上功能，可以绘制出一幅完整的概念图，如图 9-15 所示。

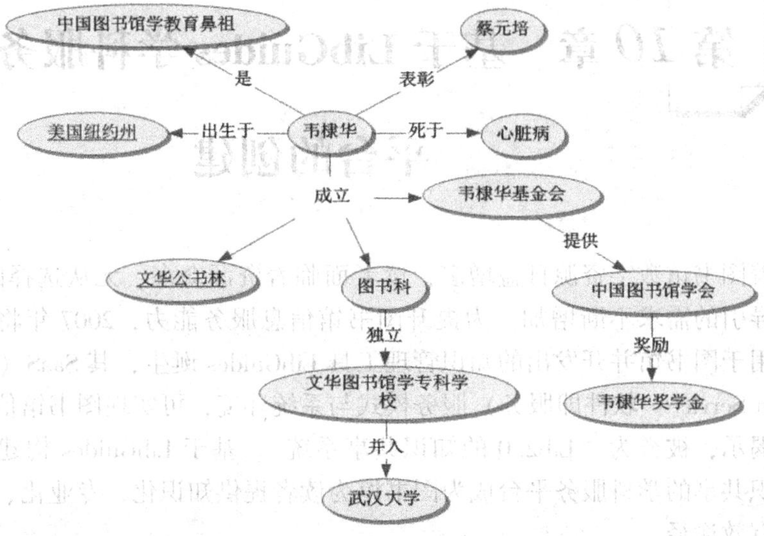

图 9-15 Inspiration“韦棣华”概念地图

9.3.2.3 文件的输出

Inspiration 所生成的概念图文件保存除保存为 *.isf 格式外，还可以保存为很多其他的文件格式（PDF、PowerPoint、Word），具有良好的兼容性。在图表视图中制作的概念图文件可以输出为 GIF、JPG、BMP 以及 WMF 四种图像文件格式；在大纲视图中制作的概念图文件都可以保存成 *.html 文件格式。

第 10 章　基于 LibGuides 学科服务平台的创建

随着图书馆数字资源日益增多，读者面临着资源众多、无从选择的困扰，对资源导引的需求不断增加。为提升图书馆信息服务能力，2007 年将云计算技术应用于图书馆并开发出的知识管理工具 LibGuides 诞生，其 SaaS（即 Software as a Service：软件即服务）服务模式与系统环境，可实现图书馆信息资源的深度揭示，被誉为“Lib2.0 的知识共享系统”。基于 LibGuides 构建内容管理与知识共享的学科服务平台成为图书馆为读者提供知识化、专业化、个性化服务的有效途径。

LibGuide 学科服务
平台的构建

10.1　实验目的与要求

（1）了解 LibGuides 的特点与功能。
（2）掌握 LibGuides 的使用方法，能够创建学科服务平台。

10.2　实 习 内 容

（1）上机操作，掌握 LibGuides 的操作方法。
（2）使用 LibGuides，建立学科服务平台。

10.3 实验操作指导

10.3.1 LibGuides 简介

LibGuides 是美国 SpringShare 公司基于 SaaS 专为图书馆设计的内容管理与知识共享平台，系统为图书馆搭建信息化所需要的所有网络基础设施及软件、硬件运作平台，并负责所有前期的实施、后期的维护等一系列服务，图书馆员可通过互联网使用该系统，方便灵活地分类发布信息，集成揭示学科资源与服务，并可嵌入各种信息模块。LibGuides 具有服务平台的社会性、后台管理的灵活性、界面外观的统一性、界面功能的交互性等诸多优点，受到了国内外图书馆界的广泛欢迎。目前，全世界有 4799 个图书馆的 66406 个馆员制作了 433099 个 LibGuides。图书馆应用 LibGuides 领域非常广泛，如建立学科导引，建立课程导引，建立图书馆开展主题活动的网站，应用于信息素质教育，应用于科研服务等，其中建立数量最多的就是学科服务平台。

LibGuide 系统的功能特点：

➢ 重复使用和更新：输入 LibGuide 系统的内容可重复使用。系统在更新时，重复使用的数据将链接在一起，如果原导引内容更新，其他关联的重复使用的链接将进行自动更新。

➢ 使用导引功能：LibGuides 系统既适于技术人员，也适用于缺乏网页编写能力的普通图书馆员，通过简单的指引和点击来创建动态多元媒体的导引，并兼容用户的程序。

➢ 特有的图书馆内容管理：LibGuides 系统专为满足图书馆需要而设计了基于网络内容管理系统，如目录检索功能、创建个性化的书目清单、嵌入期刊的 RSS 源等。

➢ 内容整合：通过开放的 API、控件库和 RSS 源，LibGuides 内容可嵌入具有开放接口的组件化应用工具，如课程管理系统、博客、图书馆网页、Facebook 等。

➢ 社交工具的交互性：使用 Post to Twitter 工具栏设置 Twitter，可以有效且顺畅地与用户沟通与交流，发布和更新导引。

➢ 个性化定制界面：用户通过 LibGuides 系统可按自己的偏好设置独特的界面。

➢ 内容延展性：用户不仅能重复使用现有的内容，还可以获取全球 2500 多个 LibGuides 用户的资源。可查看这些导引获取灵感，也可以重复利用资源。

SpringShare 公司还为 Libguides 软件建立了指南创建人社区，提供最好的指南网站，购买 Libguides 软件的客户可以从中找到其他同行制作的相关学科内容，并将内容复制到自己的学科服务平台。Libguides 软件还提供了图书馆之间可借鉴他馆导航系统的分类标准，采取统一标准以促进资源共享。

10.3.2　学科服务平台创建的步骤

基于 LibGuides 创建学科服务平台主要步骤如下：

10.3.2.1　建立 LibGuides 网页结构表

根据学科服务平台需求，按照 LibGuides 的层次结构（见图 10-1），制定明确的学科平台结构和内容，确定页面（page）、栏目（box）名称。

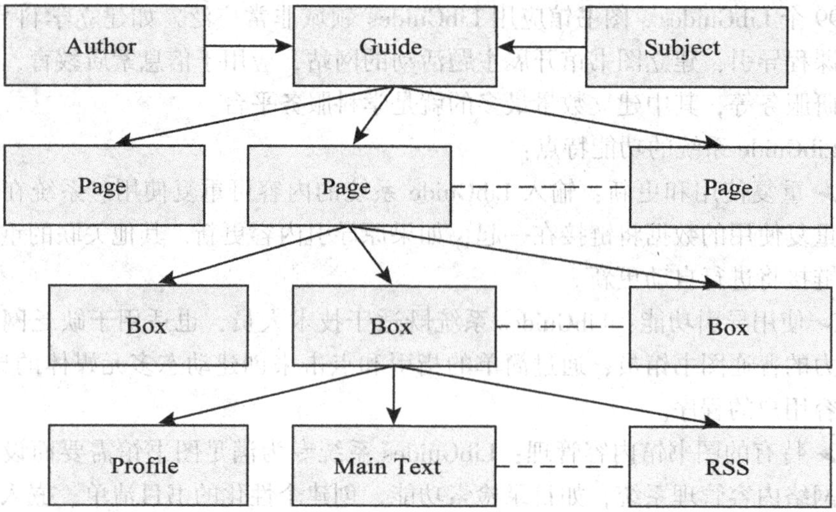

图 10-1　LibGuides 的层次结构示意图

建立 LibGuides 学科服务平台的页面（Page）通常应遵循以下几个方面原则：

➢ 建立学科资源导引，包括本馆纸质资源、电子资源与网络资源，确保读者在同一界面可根据需求选择合适资源。从不同的文献类型，包括图书、期刊、数据库、学位论文、会议论文、标准、专利、OA 资源、网络学术资源等，根据学科鉴别、筛选、整合相关信息并予以深度揭示，通过学科服务平台实现从按文献类型揭示资源转变为按学科资源导引，方便读者从学科角度一站式查询利用。

➢ 创建学科分类，以获取资源为实际出发点，尽量细分至二级学科，同时显示相关学科链接。

➢ 注重导航深度与馆藏资源整合，以资源荐购为例，按照读者的使用习惯，将栏目（Box）分为荐购系统、读者推荐列表、订单书目、图书到馆后的新书通报、学科图书使用后的借阅排行榜、学科专家推荐的好书一起读等，将分散在各网页上的相关学科图书内容经过整合、挖掘、筛选、推荐呈现给读者。

➢ 提供多样化内容，LibGuides 的功能模块可以灵活定制，除提供常用的文本文献、数据库、电子期刊、电子图书外，还可链接语言学习课程、专业学习课程、医学教学视频库、人文科普视频、电影等领域日益丰富的多媒体资源。通过开放的 API 嵌入馆藏检索、跨库检索、Google 学术检索等各种检索系统。

➢ 设置互动学习社区。LibGuides 提供建立个人档案，如联系电话、E-mail、博客、馆员的照片或图片等，方便创建人与用户之间有效且顺畅地沟通。学科服务平台还应嵌入社交工具，或创建图书馆单独的交流界面，列出在线交流、邮件、电话等方式。当用户在使用学科服务平台的过程中遇到各种问题时，在线交流可以使用户在工作时间即时获得所需信息。通过评价（comments）功能实现用户间的交流。

➢ 注重页面布局与内容揭示的清晰度和直观性，页面设计思路清晰，栏目按需设置。

10.3.2.2 选择网络信息来源和内容

遵循一定的评价标准，选择网络信息来源和内容。网络信息来源评价主要是关注网站性能，主要有：

➢ 网站稳定性；

➢ 网站传输速度；

➢ 网站链接丰富；

➢ 网站被链接次数；

➢ 网站访问次数。

网络信息内容评价则包括：

➢ 权威性，发布者的声望或知名度是信息质量的保障；

➢ 客观性，是对客观事实的描述，引用其他信息来源注明出处；

➢ 时效性，网络内容创建时间或内容更新时间；

➢ 适用性，选取与本学科服务平台内容相关的网站。

常见网上专业学术资源获取途径见表 10-1。

表 10-1　　**常见网上专业学术资源获取途径列表**

学术资源获取途径	查看相关内容
大学院系、研究中心、研究基地	本专业课程设置、师资情况、研究方向、学术动态、精品课程、友情链接。
专业协/学会	发展规划、行业信息、数据统计资料等。
政府网站、国际组织网站	政府政策导向、会议信息、统计报告、法规
博客、论坛	学者活动、学界动态、专业学习资料等。
相关的新闻媒体	学科新闻
学科全文免费网站	学术论文全文

10.3.2.3　建立学科服务平台流程

基于 LibGuides 建立学科服务平台流程比较简单，见图 10-2，主要包括申请账号，登录学科服务平台；创建 Guides（指南），新建 Page（页面），新建 Box（栏目），对页面、栏目修改，预览，完成发布等。

10.3.2.4　创建/修改 GUIDES（指南）

登录后的界面分三个区域：左侧是 SpringShare 公司提供的已建 LibGuides 主题和最新信息，中间是 Guide 的创建编辑界面，右边显示馆员的 profile 个人信息（见图 10-3）。

登录学科服务平台后，所有功能集中于上方黄色的工具条。在工具条中点击 GUIDES（指南）下拉按钮，创建学科服务平台有三种方法（见图 10-4）：一是 Create New Guide，建立一个原始页面；二是点击 View/Edit My Guides，查看自己原有的学科服务平台并复制，相同的 Page 和 Box 保留，只在原有学科服务平台上修改和增加新的 Page、Box 即可；三是查看公司的 All Guides Index，选取与要建立的学科服务平台相近似的 Guides 作为参考，如果制作方允许，标签、内容框的重复性内容及链接都可通过其复制共享功能来完成，同时，还可以实现对已复制内容的再修改与再更新。

创建 GUIDES（指南）后，需要完善个人 profile box（账户）信息和个人主页定制，方便与用户联系和交流（见图 10-5）。

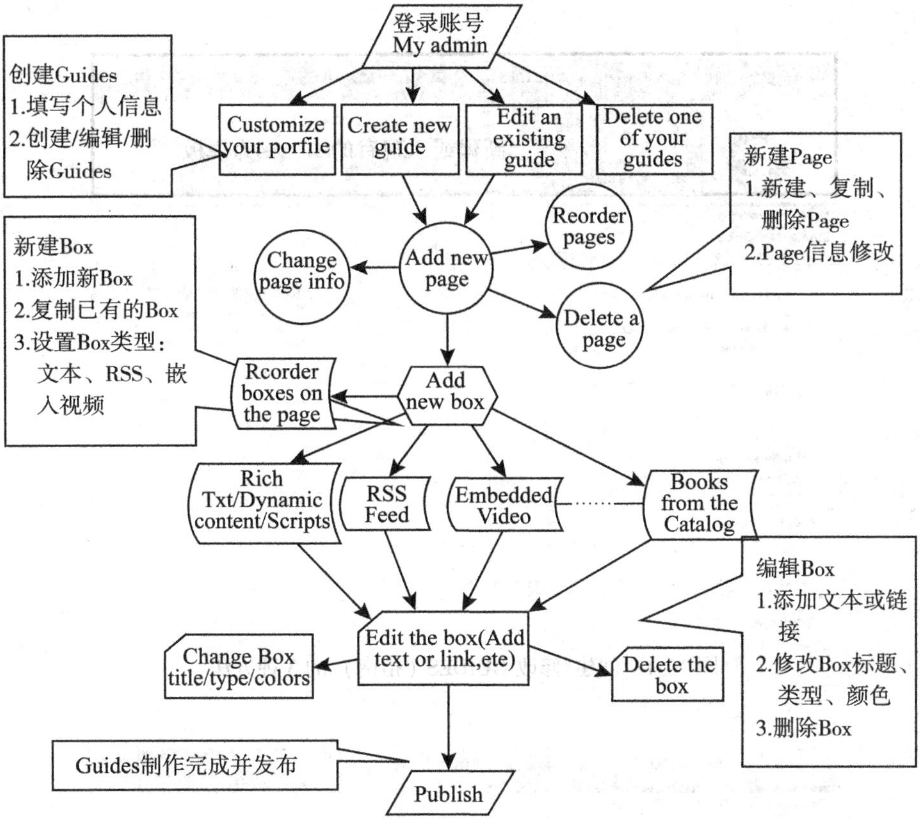

图 10-2 LibGuides 建立学科服务平台流程图

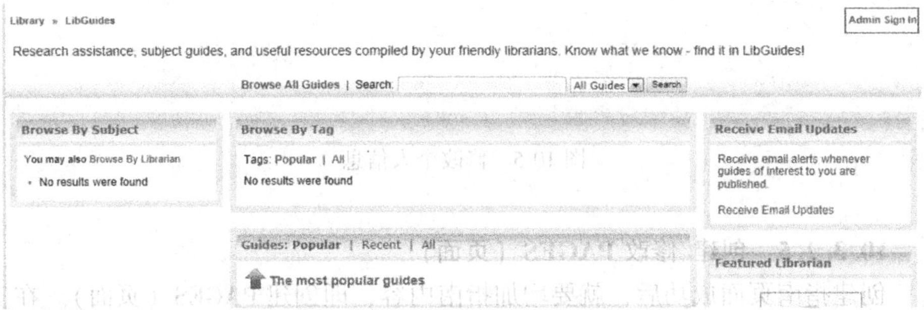

图 10-3 学科服务平台登录界面

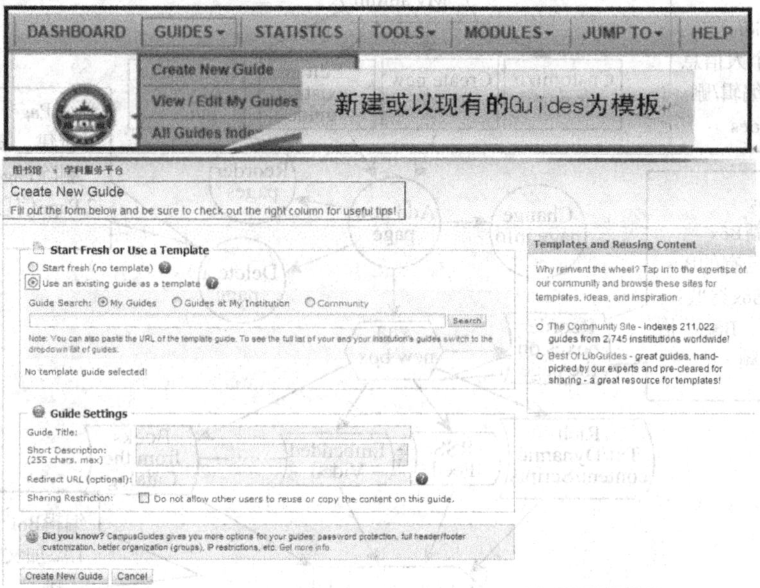

图 10-4　创建/修改 GUIDES（指南）的 3 种方法

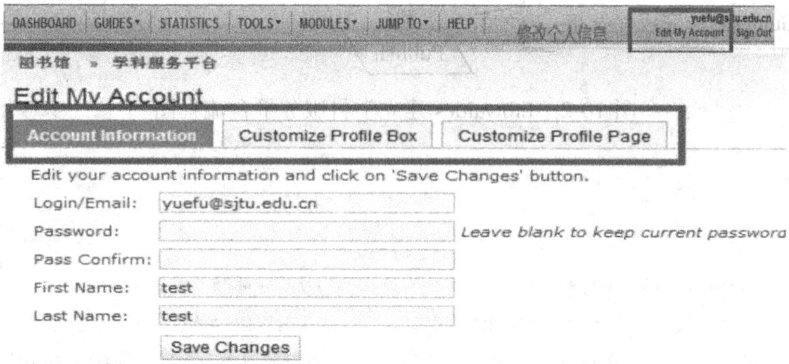

图 10-5　修改个人信息

10.3.2.5　创建/修改 PAGES（页面）

创建指南页面成功后，就要增加指南内容，即创建 PAGES（页面）。在工具条 ADD/EDIT PAGES 下拉菜单对 Page（页面）进行内容创建和修改、页面排序、页面宽度布局调整、页面删除等操作（见图 10-6）。

Page 在这里的概念，相当于 Menu（菜单）。添加新 Page（页面）时，在

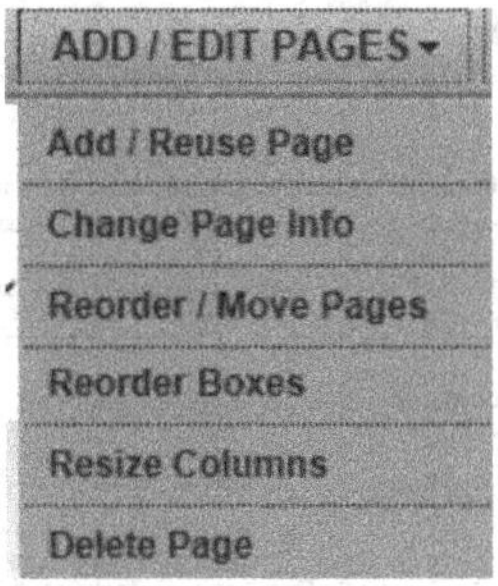

图 10-6 创建/修改 PAGES（页面）

"Position:" 选项中，选择 "Add as a top level page" 为一级 Page，根据需要，Page 下还可再设子菜单，选 "Add under ..."。Page 的数目不要太多，以不超过页面的宽度为准，建议控制在 8~9 个以内，名称不要取太长，否则菜单条可能会转弯换行，影响页面美工。类似最新消息、学科动态、友情链接这种 "一次性消费" 的内容，最好只在首页出现一次，不必带入每一个 Page。

10.3.2.6 创建/修改 Box 栏目

创建 Box（栏目），首先要选择文件类型。目前，LibGuides 有八种文件类型，分别是：

- Rich Text/Dynamic Content /Scripts（文本）
- Links（链接）
- Multimedia（多媒体）
- User Input Boxes（互动）
- Miscellaneous（其他）
- Google 搜索引擎
- System content（系统嵌入）
- LibAnswers（图书馆常用问题）

在编辑模式下的 GUIDE 界面，点击 Add New Box，添加一个 Box，选择 Box 类型，确定 Box 位置（见图 10-7、图 10-8、图 10-9、图 10-10、图 10-11）。

10.3.2.7 设置调查表单，了解用户对学科服务平台的认可度

针对信息是否有效，读者可以选择是、否、不知道，针对内容有效程度，在 1~5 之间选择程度轻重，也可以发表简单评论。要对不同栏目进行有针对性的调查，可增加单独的调查表，请用户提交（见图 10-12）。

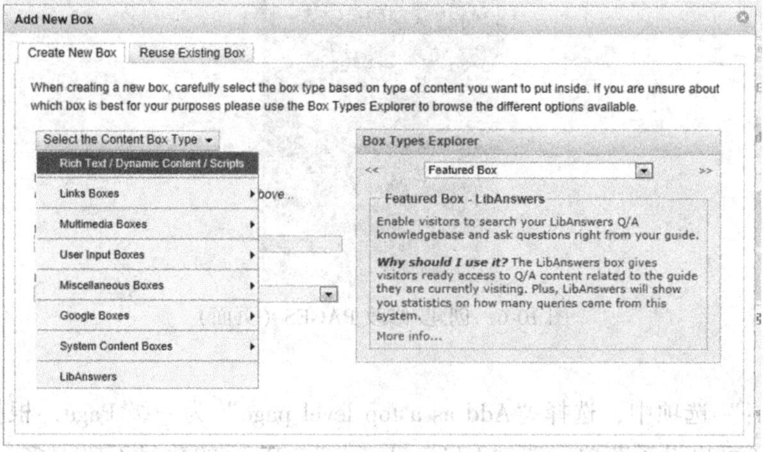

图 10-7　创建/修改 Box 栏目类型选择页面

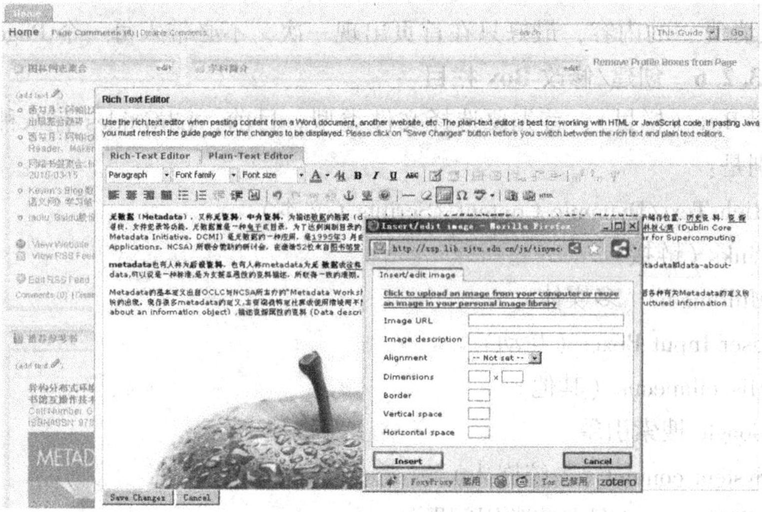

图 10-8　Rich Text/Dynamic Content /Scripts（文本）

10.3.2.8　查看预览页面并完善

在工具条中点击 PREVIEW 按钮，将即时查看网页发布后的内容与形式，便于修改和完善。

10.3.2.9　申请发布

完成学科服务平台建立后，需要向购买 L 单位的管理员申请发布才能在

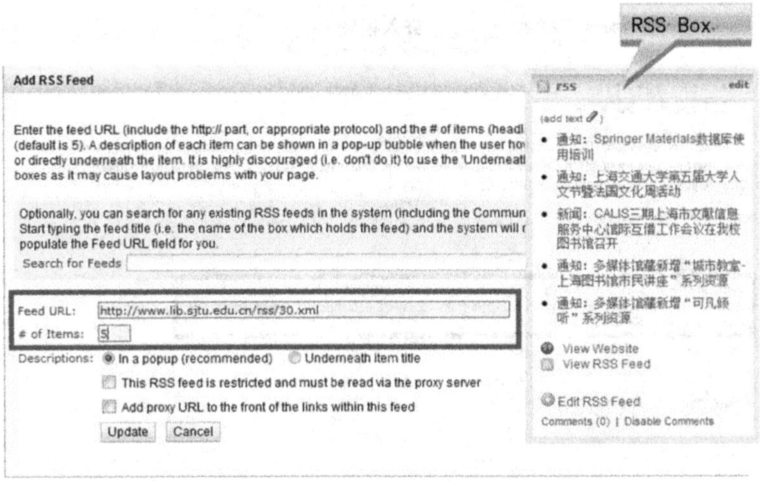

图 10-9　多媒体 Boxs——RSS FEED

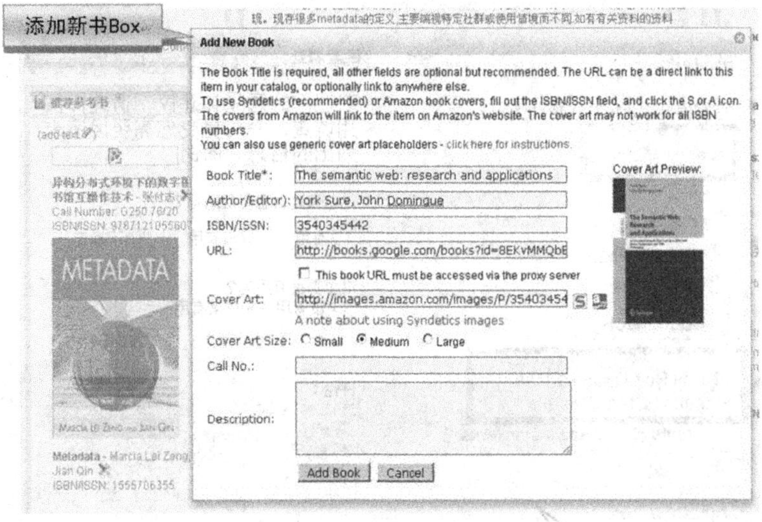

图 10-10　多媒体 Boxs——BOOKS FORM THE CATALOG

图书馆网页上查看。发布成功后，创建人可登录自己账号进行更新和维护工作(见图 10-13)。

10.3.2.10　其他功能

LibGuides 在创建基本完成后，还有一些更加个性化的功能供用户选择使

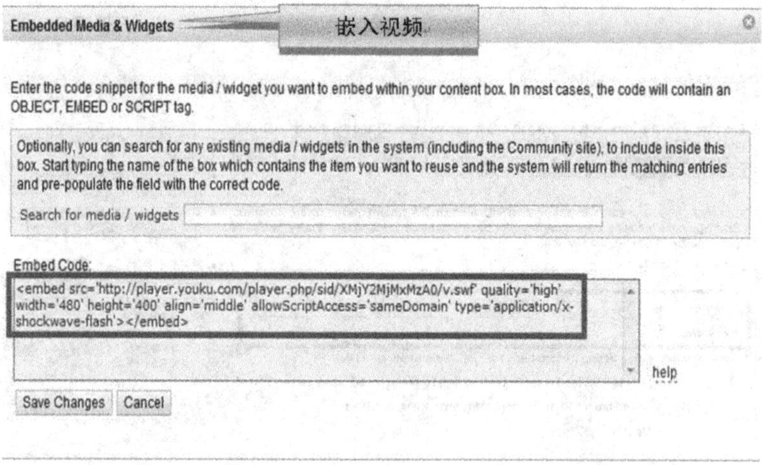

图 10-11　多媒体 Boxs—— EMBEDDED MEDIA &WIDGETS

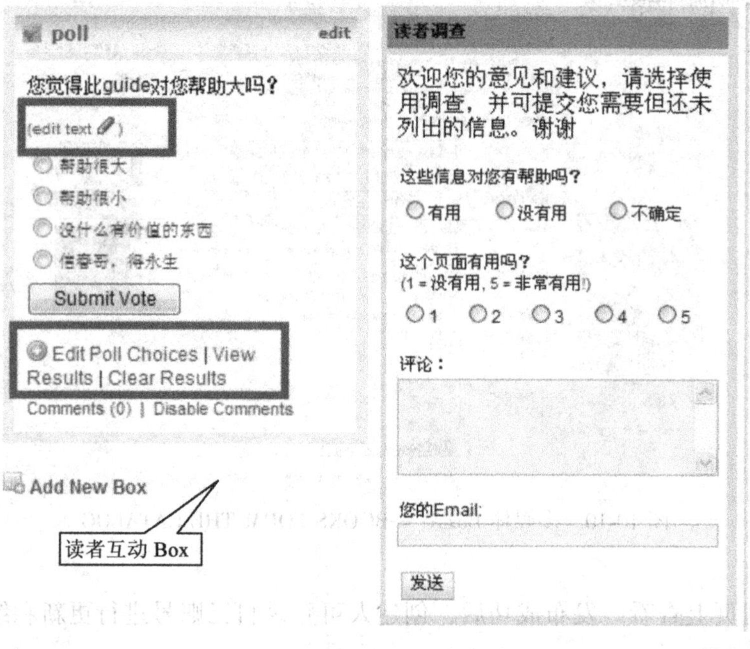

图 10-12　调查表单中文编辑和显示页面

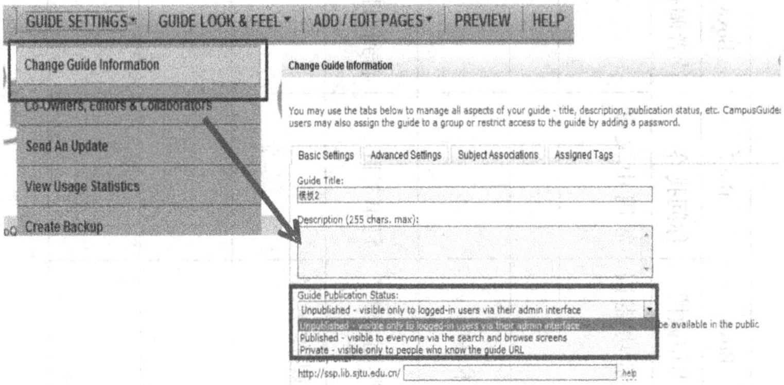

图 10-13　查看学科服务平台发布页面

用，如：对页面字体、颜色等外观进行简单设计；嵌入标签，便于读者查找；对外部链接有效性进行检查；统计指南、页面和栏目的访问量，提供增加插件功能；提供备份功能等。

10.3.3　实例分析

要求：使用 LibGuides 建立法学学科服务平台。

步骤：

(1) 根据读者需求和对法学网络资源现状分析，建立法学 LibGuides 网页结构表。

通常学科服务平台需要包含以下栏目：主页、馆内/外资源导引、学术热点追踪、资源荐购。其中主页通常又会设置欢迎栏、馆员信息、学术资询(新闻)、相关机构、网站链接等（见表 10-2）。

(2) 选择网络信息来源和内容。遵循图书馆购买商业数据库使用规定链接馆藏法学数字资源，选择网上免费的学术性网络信息资源，采用相关评价标准选择网络信息来源和内容。

(3) 登录 LibGudies 后，创建/修改 GUIDES（指南），建立个人账户信息，创建/修改 PAGES（页面）。

(4) 根据结构表，在每个 PAGES 下，新增 Box。以文献资源 PAGE 为例，新增的 Box 中，有综合数据库与专业数据库；Book 图书是与法学相关的馆藏文献资源，网络资源是网上免费法学资源，都是选择链接文件类型；Google Scholar 是 Google 搜索引擎文件类型；馆藏目录、常见中文期刊是选择文本文

表 10-2　**法学 LibGuides 网页结构表**

PageS（栏目名称）	栏目包含内容							
	Box1	Box2	Box3	Box4	Box5	Box6	Box7	Box8
指南主页	简介	相关链接	新闻	试用数据库	法律博客	图书馆微博	你问我答	读者调查
文献资源	综合数据库	专业数据库	期刊	图书	网络资源	检索功能嵌入	常用中文期刊	
学术机构	研究机构	研究学/协会	大学院系	研究基地	推荐链接			
热点追踪	学术成果	科研信息	院系科研、同行比对	学术研究前沿	学术研究趋势	学术会议		
资源荐购	图书荐购系统	教师推荐书目	新书通报	图书借阅排行榜	好书一起读	获奖图书	订单书目	新到书目
学习社区	讲座讯息	法学精品课	检索案例、技巧、心得	文献管理软件	FAQ	多媒体教学片		
法律实践	法律案例	征信信息查询	案例分析					
指定教学参考书	本科生课程教学参考书	研究生课程教学参考书						
学科服务平台联系人	姓名、部门、邮箱、电话、照片、博客、微博链接							

件类型（见图 10-14、图 10-15）。

图 10-14　法学学科服务平台 PAGES（页面）显示页

图 10-15　文献资源 PAGE 下的新增 Box 显示页

附常见问题：

(1) 怎样嵌入图书馆馆藏书目录查询系统？

答：新增加 Box，模板选 rich text，编辑 Box，选用 Plain-Text Editor。打开馆藏目录查询系统的检索页面，直接单击鼠标右键，查看源文件，然后把源文件的内容拷到 libguides 的 Box 中。

(2) 怎么将新浪微博添加到 LibGuides 中？

答：第一步：新建 Box 时，选择 type 属性为“Rich text…”（即第一个），将 Box 命名为“图书馆微博”（或者别的名字）。

第二步：Box 建好之后，点击 Box 中的（Add/Edit Text），进入编辑状态。

第三步：进入编辑窗口之后，默认的编辑状态是“Rich-Text Editor”，用鼠标点一下标签“Plain-Text Editor”，进入源代码编辑状态。

第四步：将以下代码拷贝到窗口中。

<iframe width = " 100%" height = " 550" class = " share_ self" frameborder = " 0" scrolling = " no" src = " http：//widget. weibo. com/weiboshow/index. php？ language = &width = 0&height = 550&fansRow = 2&ptype = 1&speed = 0&skin = 1&isTitle = 1&noborder = 1&isWeibo = 1&isFans = 0&uid = 2528248734&verifier = ff61d30e&dpc = 1" ></iframe>

第四步：保存，关闭，查看效果。

(3)在 book from catalog 中，add new book 只能添加外文书吗？

答：目前该系统现在提供检索的网站书目数据，是外国网站，如 amazon. com，没有添加中文网站(如 amazon. cn)。

(4)" Print Guide" 和" RSS" \ Last Updated 日期等如何设置在网页上？

答：Guide 发布之后，这些会自动显示在网页中，不用设置。

（5） 如何添加第二位联络人？

答：如果此人已经是 librarier，可以直接从下拉列表中选中添加，如果不是，则需要让此人先向管理员提供一个邮箱，由管理员替他建好一个账号，再从列表中选择添加。

（6） 从 Word 中往 Rich text box 里粘贴内容时，提示字符数超出限制，应该怎么操作？

答：Rich text box 的字符数限制是 65535，一般是足够使用的。但从 Word 中粘贴的内容转换为网页时，会产生大量的垃圾代码，要解决这个问题，可以先将 Word 内容粘到纯文本文档中（TXT 文档），然后再从 TXT 文档中复制粘贴到 Box 中。如果 Word 中含有表格等特殊内容，可以分开粘贴，先将文字粘过去，再从 Word 中复制粘贴表格。

（7） 如何实现站内搜索功能？

答：每个 PAGE 的顶端默认都自带一个 Search 框，这个应该就相当于站内搜索。

（8） 为什么链接到 OPAC 中的记录信息时，提示要求登录？

答：每位读者在访问图书馆 OPAC 时，就算没有登录，OPAC 系统也会在访问网址中自动添加一段随机代码，以方便在读者电脑的 COOKIE 中记录一些浏览、检索历史信息。学科服务平台使用 OPAC 的搜索结果网址时，应该去掉这些随机代码。最保险的办法，是用通用检索命令查找图书。比较直接的方式，是用这本书的系统号进行定位。

以武汉大学图书馆 OPAC 为例，在学科平台中做《传染病学试题精集》

图书的超链接，在 OPAC 中查找到这本书的详细书目信息，如图 10-16 所示：

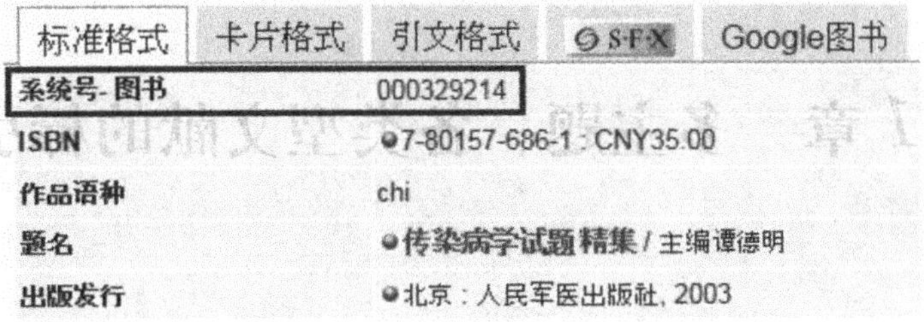

图 10-16

可以看到，该书的系统号为 000329214，这是一本中文图书，那么这本书的超链网址如下：

http：//opac. lib. whu. edu. cn/F/？ func = find-c&ccl_ term = SYS%3D000329214&local_ base = WHU01（西文是 WHU09）

其中，000329214 是《传染病学试题精集》这本书的系统号，WHU01 是指中文图书，如果是西文则改为 WHU09。

第 11 章　多主题、各类型文献的标引方法

按文献涉及的主题因素的多寡，可分为单主题与多主题文献。多主题指文献研究或论述的主题内容有两个或两个以上，根据主题之间的关系，可划分为并列关系主题、从属关系主题、应用关系主题、影响关系主题、因果关系主题和比较关系主题等。本章主要介绍其中的应用关系、影响关系、因果关系主题文献的标引方法。

各类型文献包括多卷书与丛书、工具书、中文古籍、期刊与报纸、非书资料、技术标准与专利文献等。本章主要介绍其中的多卷书与丛书、工具书的标引方法。

本章分别使用《中国图书馆分类法》（第五版网络版）（下文简称《中图法》）作为分类标引工具，使用《中国分类主题词表》（网络版）作为主题标引工具。

11.1　实验目的与要求

（1）掌握应用关系、影响关系、因果关系主题文献的标引方法。

（2）学会多卷书与丛书、工具书的标引方法。

（3）使用《中图法》与《中分表》进行多主题及各类型文献的分类与主题标引实践。

11.2　实 验 内 容

（1）标引应用关系、影响关系、因果关系主题文献。

（2）标引多卷书、丛书与工具书。

（3）使用《中图法》与《中分表》进行多主题及各类型文献的分类与主题标引实践。

11.3 实验操作指导

11.3.1 多主题文献的分类标引方法

11.3.1.1 应用关系主题文献的标引

① 论述一种（或多种）理论、方法、工艺、材料、设备、产品等在某一学科领域中的应用的文献，分类标引时，需要归入应用到的学科主题方面所属的类目。

如标引《分子生物学新技术在林木育种中的应用进展》一书，其分类标引过程如下：

第一，分析文献主题。

主要介绍了近年基因工程技术、体胚培养技术、基因组学技术、代谢组学技术、蛋白质组学技术等在林木遗传育种中的应用情况以及存在的主要问题，从而说明了这些技术在林木育种中的应用范围、重要性、发展趋势及存在的问题。

第二，确定文献主题。

分子生物学—应用—林木—植物育种

第三，查阅《分类法》类表，依应用到的主题其所属学科归类。

S722　树木育种及良种繁育

S722-6　参考工具书

S722.1　种子技术和经营管理

S722.3　育种

S722.5　选种、品种改良

…　　　…

根据分类规则，应归入应用到的学科主题“林木育种”所属的类目，标引结果为 S722.3。

对于“事物一被应用或应用一事物”型复合主题的主题标引，通常将表达文献的研究对象的主题词因列于词串之首，其他的主题词则是表达表示该研究对象的某一方面或者方面的方面各个主题因素，按需要以“应用”作为联结词进行标引。主题标引的结果为：分子生物学 \ 应用 \ 林木 \ 植物育种 \ 研究。

② 论述一种理论、方法在多个学科领域中的应用的著作，分类标引时归入该理论、方法等主题本身所属的类目。

如标引《数学在科学和社会中的作用》一书，其分类标引过程如下：

第一，分析文献主题。

内容简介（摘录）：本书结集了冯·诺伊曼各时期的代表作，包括《集合论的一种公理化》、《形式主义的数学基础》、《经济学中的数学方法》、《数学家》、《数学在科学和社会中的作用》等。

第二，确定文献主题。

经过分析，本书的主要主题如下：

应用数学
数学理论

第三，查阅《中图法》类表，依其所属学科归类。

O29　应用数学
O1-0　数学理论

根据分类规则，归入理论等主题本身所属类目。分类标引结果为 O29；O1-0。

主题标引的结果为：应用数学；数学理论。

③ 某一（些）事物或学科应用到另一事物或学科，而产生的交叉学科主题的文献，分类标引时一般归入应用到的领域中的有关类目。

如标引《教育心理学精要：指导有效教学的主要理念》一书，其分类标引过程如下：

第一，分析文献主题。

在介绍教育心理学的核心概念、原则和基本假设的基础上，贯穿了大量的教学案例，有助于学生了解教育心理学的价值和主要内容。

第二，确定文献主题。

经过分析，本书的主要主题如下：

教育心理学—教材

第三，查阅《中图法》类表，依其所属学科归类。

G44 教育心理学

智育心理、德育心理、美育心理等入此。学校管理心理学入 G47。

G441 教学心理学（课堂教育心理学）

G442 学习心理学

G443 教师心理学

G444 学生心理学

G446 教育社会心理学

… …

根据分类规则，归入应用到的领域中的有关类目。其分类标引结果为 G44。主题标引的结果为：教育心理学\教材。

11.3.1.2 影响关系主题文献的标引

① 论述一个主题对另一主题影响的文献，分类标引时，归入被影响的主题所属的类目。

如标引《呼伦湖地区气候变化及其对生态环境的影响》一书，分类标引过程如下：

第一，分析文献主题。

本书共分 7 章，用双语（中、英文）介绍了呼伦湖地区的自然、社会和经济概况；论述了该区器测时期的气候变化事实；模拟了未来两个情景下该区

2020 年、2050 年和 2080 年的气候状况及变化趋势；从该区的水文情势、植物群落结构与功能和湿地水鸟等几个角度，揭示了气候变化对该区生态环境的影响。

第二，确定主题。

经过分析，本书的主要主题如下：

气候变化-研究-内蒙古自治区

气候变化-气候影响-生态环境-研究-内蒙古自治区

第三，查阅《中图法》类表，依其所属学科归类。

X171　生态系统与污染生态学

X171.1　生态系统与生态环境

根据分类规则，归受影响的主题“生态环境”所属的类目 X171.1，另给出分析类号 P468.226。

对于“事物—影响—受影响事物”型复合主题的主题标引，通常将表达文献的研究对象的主题词列于词串之首，其他的主题词则是表达表示该研究对象的某一方面或者方面的方面各个主题因素，以“影响”作为联结词进行标引。主题标引的结果为：气候变化 \ 研究 \ 内蒙古自治区；气候变化 \ 气候影响 \ 生态环境 \ 研究 \ 内蒙古自治区。

② 论述一个主题对两个或两个以上主题影响的文献，分类标引时一般归入产生影响的主题本身所属的类目。

如标引《艾滋病对中国经济和社会的影响》一书，其分类标引过程如下：

第一，分析文献主题。

内容简介（摘录）：本书回顾了近几年国内外艾滋病的疫情和防治情况，系统总结了有关艾滋病对经济和社会影响的研究成果，探索了艾滋病对我国经济影响的估计方法，并结合近年在多个省市地区实际调查数据，全面分析和评估了艾滋病对我国经济和社会发展造成的巨大影响，并在此基础上为我国更好地防治艾滋病提出了政策建议。

第二，确定主题。

经过分析，本书的主要主题如下：

艾滋病—经济影响—研究—中国
艾滋病—社会影响—研究—中国

第三，查阅《中图法》类表，依其所属学科归类。

R511　　病毒传染病
R512.91　获得性免疫缺陷综合征（AIDS 艾滋病）

其分类标引的结果为：R512.91，另外给出分析类号为：D669.8。主题标引的结果为：获得性免疫缺陷综合征\经济影响\研究\中国；获得性免疫缺陷综合征\社会影响\研究\中国。

11.3.1.3　因果关系主题文献的标引

论述主题之间因果关系的文献，分类标引时，一般分入结果方面的主题所属的类目，如果所造成的结果是多方面的，且能区分出重点主题方面，则分入重点主题所属的类目，否则按原因方面主题所属的类目归类。

如标引《恶风：空气污染对森林和农作物的危害》一书，其分类标引过程如下：

第一，分析文献主题。

本书详细地介绍了美国的空气污染源、污染发展趋势以及对森林和农作物的破坏，综合污染治理途径，并预测了未来的污染趋势。

第二，确定主题。

经过分析，本书的主要主题如下：

空气污染—影响—森林
空气污染—影响—农作物
农作物—影响因素—空气污染

第三，查阅《中图法》类表，按其原因所属学科归类。

X51　大气污染及其防治

X51/593　各种环境污染及其防治

　　　　　均可仿 X50 分。例：大气污染测定为 X510. 2。

X50　一般性问题

…　　　　…

X503. 2　对生物的危害

X503. 23　植物

X503. 231　农作物

X503. 233　花卉、草类

X503. 235　树木

根据分类规则，归入原因“大气污染及其防治”所属的类目，标引结果为：X510. 323。主题标引的结果为：空气污染 \ 影响 \ 森林；空气污染 \ 影响 \ 农作物；农作物 \ 影响因素 \ 空气污染。

11. 3. 2　多卷书与丛书的标引方法

11. 3. 2. 1　多卷书的标引

多卷书是一种以多卷、辑、册一次出版或逐次出版的文献。分类标引时，一般以多卷书全书内容的学科属性集中归类。若其分卷、辑、册为全书的一个专题，并有独立题名，应增加分析分类。

如标引《艾芜全集》（共 19 册）一书，其分类标引过程如下：

第一，分析文献主题。

全集包含至今存世的能够收集到的艾芜全部作品（含未刊作品）及书信、日记。

第二，确定主题。

其 19 册分卷题名分别为：第一卷 南行记 · 南行记续篇；第二卷 山野 · 丰饶的原野；第三卷 百炼成钢 · 风波；第四卷 春天的雾；第五卷 故乡；第六卷 小河村速写 · 短篇小说；第七卷 短篇小说；第八卷 短篇小说；第九卷 短篇小说；第十卷 中篇小说；第十一卷 我的幼年时代 · 童年的故事 · 我的青年时

代；第十二卷 散文·特写；第十三卷 散文·诗歌·戏剧；第十四卷 文学手册·文学创作谈·国学研究笔记；第十五卷 书信；第十六卷至十九卷 日记

可见其主题主要是：文学—作品—中国—当代—选集。

第三，查阅《中图法》类表，依其所属学科归类。

I21 作品集

I212/217 各时代作品集

某一时代的各体作品综合集入此。一体的作品集入 I22/28 有关各类。依中国时代表分，再依下表分。如《沫若文集》为 I217.2。

1 总集
2 别集

本书为文学作品集，依中国时代表分，得出类号“75”，再依专类复分表分，别集类号为“2”，因此该书的分类标引结果为 I217.52。其主题标引的结果为：文学＼作品＼中国＼当代＼选集。

11.3.2.2 丛书的标引

丛书是一种按一定的主题范围汇集多种单独著作，并具有一个总题名的文献。丛书的分类标引分类有两种，一是集中分类，二是分散分类。

①集中分类标引。

即按照整套丛书内容的学科属性集中归类，标引时，除类表中已设立的丛书专类外，均应在分类号后加上丛书复分号，《中图法》的丛书复分号为“-51”。除科普性图书外，还应对其所属的每一种书做分析标引，标引时不加丛书复分号。以下丛书宜集中分类：

➢ 一次刊行的丛书，或有总书名、总的编辑计划或总目次的丛书

如《四部精要》一书，本丛书共 22 册，于 1993 年一次刊行。其中，第 1~3 册经部；第 4~11 册史部；第 12~15 册子部；第 16~22 册集部。

本书所收入的典籍均为反映传统文化精华的最著名、最主要校注本和精刻本。

第一，分析文献主题。

第二，确定主题。

本书的主要主题为：丛书—中国

第三，查阅《中图法》类表，依其所属学科归类。

Z12 中国丛书

所以分类标引结果为 Z12，主题标引的结果为：丛书 \ 中国。

➢ 学科专业面窄、读者对象明确的丛书

如标引《汽车维修经验系列丛书》，该丛书由以下子目组成：《大众车系维修经验集锦》、《丰田车系维修经验集锦》、《通用车系维修经验集锦》、《奥迪、奔驰、宝马车系维修经验集锦》、《日产、三菱、马自达车系维修经验集锦》、《本田车系维修经验集锦》、《红旗、中华、奇瑞、夏利车系维修经验集锦》、《福特、标致、雪铁龙车系维修经验集锦》。汽车维修的类号为"U472. 4"，加上总论复分表中"-51 丛书（汇刻书）、文库"，该书的标引结果为 U472. 4-51。主题标引的结果为：汽车 \ 维修 \ 丛书。

➢ 围绕时代、地区、事物、事件、人物编辑，并且内容紧密相关的丛书

如《朱德研究丛书》，标引结果为 K827 = 73；主题标引的结果为：政治家 \ 人物研究 \ 文集 \ 中国。

➢ 科普性、知识性的丛书，或供中小学生和相当于中小学文化水平的人阅读的丛书。

如《原子的世界》一书，其分类标引过程如下：

第一，分析主题并确定主题词。

原子物理学—普及读物

第二，查阅《中图法》类表，依其所属学科归类。

O56　分子物理学、原子物理学
O562　原子物理学

再依总论复分表复分，"-49"为普及读物类号，本书为原子物理学的普及读物，所以标引结果为 O562-49，其主题标引的结果为：原子物理学 \ 普

及读物。

②分散分类标引。

即按丛书各册内容分别归类。采用分散归类的丛书主要是学科性和专业性强、学术价值较高的丛书以及内容广泛、各书之间联系不密切的丛书。

如《世界汉译学术名著》，该丛书各卷的学科性和专业性强，各书内容相对独立，包括《1640 年英国革命史》、《纯粹理性批判》等。需要采用分散分类。所以上述两卷的分类《1640 年英国革命史》一书的分类标引的结果为：K561.41；主题标引的结果为：英国资产阶级革命（1640-1688）；《纯粹理性批判》一书的分类标引结果为：B516.31，主题标引的结果为：康德（Kant，Immanuel，1724-1804）\ 哲学思想 \ 研究；近代哲学 \ 理论 \ 德国。

11.3.3 工具书的标引方法

11.3.3.1 参考工具书的标引

参考工具书主要指字典、词（辞）典、百科全书、类书、年鉴、手册、图谱等，按学科内容有综合性和专科性之分。

①综合性参考工具书。

分类标引时，凡综合性内容的工具书入综合性图书有关各类。

如标引《中国大百科全局》一书，其分类标引过程如下：

第一，分析主题并确定主题词。

该书的主要主题为：百科全书—中国

第二，查阅《中图法》类表，依其所属学科归类。

Z22 中国百科全书、类书

Z227 现代

新中国成立后编辑的百科全书、类书入此。

分类标引结果为 Z227，其主题标引的结果为《中国大百科全书》。

②专科性参考工具书。

分类标引时，凡专科性参考工具书按其学科内容属性归类，再依总论复分表中有关工具书的类号复分。

如标引《汉英英汉武术词典》（反映中国武术的历史沿革和理论技术体系，尽量做到包罗武术领域常见的词汇和用语，共收入各类词条三千余条）一书，其分类标引过程如下：

第一，分析主题并确定主题词。

本书的主要主题为：武术—英语—汉语—词典

第二，查阅《中图法》类表，依其所属学科归类。

G85　武术及民族形式体育

再加上总论复分表的复分号“-61”，表示名词术语、词典、百科全书（类书）类号，标引结果为 G85-61，其主题标引的结果为：武术 \ 英语 \ 汉语 \ 词典。

③ 政书的标引。

政书是汇编我国历代或某一朝代政治、经济、文化制度方面的史料的大型工具书，《中图法》规定入“D69 中国政治制度史”的有关类目。

如标引《清朝文献通考》一书，其分类标引过程如下：

第一，分析文献主题。

所载典章制度自清初至乾隆五十年止。

第二，确定主题。

经过分析，本书的主要主题如下：

典章制度—中国—古代

第三，查阅《中图法》类表，依其所属学科归类。

D691 清、清以前政治

D691.5　政书

会典、会要等入此。

本书内容为清及清以前的政治，所以标引结果为 D691.5。其主题标引的结果为：典章制度 \ 中国 \ 古代；典章制度 \ 中国 \ 清代（1636-1911）；政书 \ 中国。

11.3.3.2　检索工具书的标引

检索工具书是专供查找文献或事物线索的图书，包括目录、索引、文摘等，可以划分为综合性、专科性、专书或专题性等类型。

① 综合性的目录、索引、文摘。分类标引时，应按照分类法的规定以及文献组织的需要进行标引，归入综合性图书类的相应类目。如标引《全国部书目》一书，其分类标引过程如下：

第一，分析主题并确定主题词。

本书的主要主题如下：

国家书目—中国

第二，查阅《中图法》类表，依其所属学科归类。

Z812.1　　全国总书目
　　新中国成立后出版的全国总书目入此。
　　依出版年代排。

本书的分类标引结果为:Z812.1,主题标引的结果为:国家书目\中国\1949-。

②专科性目录、索引、文摘。分类标引时，依《中图法》的规定专科、专题书目、索引，也入“综合性图书”类，采用组配编号法。如标引《中国古乐器索引》一书，其分类标引过程如下：

第一，分析主题并确定主题词。

本书的主要主题如下：

古乐器—中国—索引

第二，查阅《中图法》类表，依其所属学科归类。

K85 文物考古
K87　中国文物考古
K875　　各种用品器物
K875.5　　舞乐戏剧文物
　　古乐器入此。

Z89 文摘、索引
　　综合性文摘、索引入此；专科、专题的文摘、索引也入此。按本分类法体系分，即将各学科的分类号码加于本分类号之后，用组配符号“：”组合。如愿入有关各类，可在各学科的类号后再加总论复分号-7。

所以其分类标引结果为 Z89：K875. 5，主题标引的主题为：古乐器\考古\中国\索引。

如愿入有关各类，可在各学科类号后加上总论复分表号码“-7”。若采用这种方法，其标引结果就为 K875. 5-7。

③ 专书索引。一般应随原书归入相应类目，但马列经典作家本身的索引(如人名索引、篇目索引、主题索引等)，归入马列类的有关类目。

如标引《二十五史人名索引》一书，其分类标引过程如下：

第一，分析主题并确定主题。

本书的主要主题如下：

二十五史—历史人物—专书索引

第二，查阅《中图法》类表，依其所属学科归类。

K2　中国史
K20　通史
K204　古代史籍
K204. 1　纪传体史书合刻
　　《十七史》、《廿四史》、《廿五史》等史书合刻入此。某一时代史书入各时代史。

所以其分类标引结果为：K204. 1-7，主题标引的结果为：二十五史\历史人物\专书索引。

11. 3. 3. 3　语言工具书的标引

① 专科性词典标引。

分类标引时，专科性词典归入有关各类。标引《实用金融英汉词典》一书，其分类标引过程如下：

第一，分析主题并确定主题词。

本书的主要主题如下：

金融—英语—汉语—词典

第二，查阅《中图法》类表，依其所属学科归类。

总论复分表中“-61”为名词术语、词典、百科全书（类书）的类号。所以分类标引结果为 F83-61。

主题标引过程：将表达文献的研究对象主题因素“金融”列在前，表达表示该研究对象的某一方面或者方面的方面各个主题因素列在后。主题标引的结果：金融 \ 英语 \ 汉语 \ 词典

② 语言工具书（除专科性词典以外）的标引。

分类标引时。集中归入语言学有关类目。

➢ 一种语言的词典，按其语种入该语种有关各类。

例：法语用法词典，其分类标引过程如下：

第一，分析主题并确定主题词。

本书的主要主题为：法语—词典

第二，查阅《中图法》类表，依其所属学科归类。

H3　常用外国语

H31　英语类

H316　　词典

H32/37　各种常用外国语

　　　　均可仿 H31 分。

H32　法语

H33　德语

H34　西班牙语

H35　俄语

分类标引结果为：H326，主题标引结果为：法语 \ 词典。

➢ 两种外语对照的词典，分类标引时入被解释的语种，汉语与少数民族语言或外语对照的词典则归入相应的少数民族语言或外语有关类中。

如标引《汉藏对照词典》一书，其分类标引过程如下：

第一，分析主题并确定主题。

本书的主要主题为：

藏语—汉语—词典

第二，查阅《中图法》类表，依其所属学科归类。

H211/289 中国各少数民族语
　　言均依下表分。

…　　…
5　写作、修辞
59　翻译
6　词典
…　…

H2 中国少数民族语言
H211/289　中国各少数民族语言
H211　　少数民族古语言
H212　　蒙古语
H214　　藏语
H215　　维吾尔语
H216　　苗语
H217　　彝语
…　　…

根据分类规则，归入“蒙古语词典”所属类目，分类标引结果为 H214.6。主题标引的结果为：藏语 \ 汉语 \ 词典

➢ 三种以上语言对照的字、词典入语言文字类的词典类下。

标引《英法德俄汉词典 = English-French-German-Russian-Chinese Dictionary》，本书为五种语言对照的词典，分类标引入语言文字类的词典类“H061 词典”。

H0 语言学
H06　词典学
H061　词典
　　三种及三种以上语言对照的词典入此。

分类标引结果为：H061，主题标引结果为：词典。

本章习题

(1)《转基因技术在农业、食品等方面的应用》

(2)《阴阳五行数学及其在中医学上的应用》

(3)《护理伦理学》

(4)《南水北调中线工程对水源区水沙及生态影响研究》

(5)《药物引起的神经精神不良反应》

(6)《医学美学》

(7)《世界通史教程教学参考》分为古代卷、近代卷、现代卷

(8)《中国20世纪全史》第5卷　全民抗战（1937—1945）

(9)《不列颠百科全书》

(10)《核能大词典》

(11)《蒋氏家族全传》

(12)《英法俄德计算机技术词典》

(13)《十三经索引》

(14)《中国社会生活丛书》舞蹈篇

(15)《文献通考》

第 12 章　汇文图书馆管理系统中分编模块的操作

图书馆管理系统是实现图书馆工作现代化的基础，是保证信息资源共建、共享的重要手段。编目模块是图书馆自动化集成管理系统中必不可少的部分，目前图书馆的分编工作已基本实现自动化。汇文文献信息服务系统（Libsys）是江苏汇文软件有限公司研制开发的图书馆行业的信息管理系统，目前拥有用户近 700 家，其中包括教育部公布的 39 所“985”高校中的 15 所，116 所“211”高校中的 52 所大学。汇文文献信息服务系统（Libsys）共有八个子模块：采访模块、编目模块、典藏模块、流通模块、连续出版物模块、统计模块、系统管理模块和 OPAC。分编工作使用编目模块。汇文系统的编目模块界面友好，操作简单。本章主要对汇文图书馆管理系统中分编模块的操作进行详尽说明。

12.1　实验目的与要求

（1）了解汇文系统中分编模块的特点与功能。

（2）掌握汇文系统中分编模块的使用方法，能在系统中进行分类取号。

12.2　实 习 内 容

（1）上机操作，掌握汇文系统中分编模块的操作方法。

（2）使用汇文系统的分编模块完成分类取号。

12.3 实验操作指导

12.3.1 汇文系统编目方式

12.3.1.1 套录编目

所谓套录编目，是指对文献进行编目时，从外部数据库获得与本馆文献相符的源记录，根据本馆实际情况做必要的修改，添加本馆馆藏信息项，使之成为本馆记录。

汇文提供了三种套录方法：

①利用外来数据套录。

外来标准 MARC 数据，是利用外部资源加快本地编目工作的一个重要数据来源，目前国内已有许多商品化的标准数据源，图书馆在采购图书时，书商一般也随书配送数据，供编目人员在编目过程中利用，提高编目效率。

②利用网上资源和 CALIS 联合目录数据库下载实时数据进行套录。

汇文系统内嵌 Z39.50 模块，可以直接访问 Internet 上任意的 Z39.50 服务器，获取 MARC 记录，并直接粘贴到编辑屏中。

③直接从 Web 浏览器中粘贴 MARC 格式记录。

目前一些比较成熟的图书馆自动化管理系统的 OPAC 不仅可以在 Web 浏览器中详细提供所需文献的馆藏地、复本量、借阅情况等，还可以提供该文献的 MARC 格式。用鼠标左键选中 MARC 部分进行复制，直接粘贴覆盖在汇文编目的 MARC 上。

12.3.1.2 原始编目

没有外来数据可供套录的，就要进行原始编目（简称原编），原编是对文献的内容、特征逐一进行描述与标引的一系列工作。汇文系统按照 CNMARC 格式提供中文图书、连续出版物等文献的编目模板，按照 USMARC 提供西文文献的编目模板，可以直接在相应字段中按照编目规则填写。

12.3.2 分类字段著录及取号流程

在汇文系统中，编目工作分为正常批量编目和回溯新增编目两种情况。

正常编目是利用采访数据进行编目。在前期的采访工作中，上一环节的工作人员已经建立了相应的 MARC 记录，编目人员在文件功能选项中，选中读采购交接单，得到当前送编批次的所有图书，再从批次列表中选择要编目的记录。回溯编目是对无采访数据的文献进行编目。

无论是正常编目还是回溯编目，在分类取号前都要先进行查重。如果数据库中已有该种文献，则直接使用原来的分类号和索书号，不需重复分类取号。

（1）原编分类字段著录流程

①正常编目时：点击文件菜单 → 读交接单 → 选定图书批次号 →点编目→ 出现本批次图书→ 编辑当前 MARC → 在相应字段输入分类号和分类法版次→ 保存。

②回溯编目时：选择 CNMARC 或 USMARC 模板 → 编辑当前 MARC → 在相应字段输入分类号和分类法版次→保存。

在 CNMARC 中，690 字段名称为中图法分类号，692 字段名称是科图法分类号。在■a 子字段著录分类号，在■v 子字段著录分类法版次，目前图书馆使用的《中国图书馆分类法》第五版，因此 690 字段的■v 后著录“5”（见图 12-1）。当有多个分类号时，重复著录 690 字段。

在 MARC21 中，082 字段名称为杜威十进分类号，093 字段名称是中图法分类号。在 093 字段的■a 子字段著录分类号，在■2 子字段著录分类法版次（见图 12-2）。

（2）取号流程

①正常编目取号：切换显示业务窗口→ 选中一条财产信息→ 双击打开分配索书号窗口→ 新增索书号→ F1 自动取号→ 确定。

②回溯编目取号：切换显示业务窗口→ 添加复本→ 进入回溯-添加窗口→ 新增索书号→ F1 自动取号→ 确定。

如果通过套录获得 MARC 数据，需对分类进行审核，同时查询本馆书目库中同类书的归类情况，以保证同类书分类的一致性。对多卷书、丛书分类时，除了以总书名、丛书名查重外，还要以分册题名查重，以保证著录和分类的一致性。如果分类有误，则修改分类号。分类确定后保存 MARC，然后给定索书号。如果既不是复本，也没有可套录的数据，则需进行原编。先对文献进行分类，然后在汇文系统中将分类号著录到相应字段。著录完成后保存 MARC，然后给定索书号。

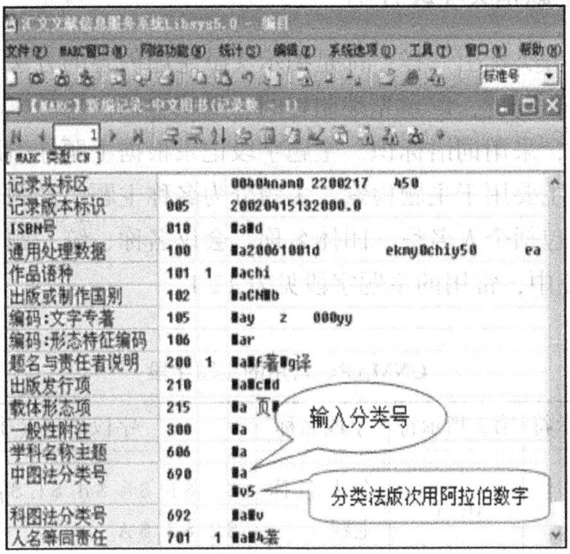

图 12-1 中文图书著录模板

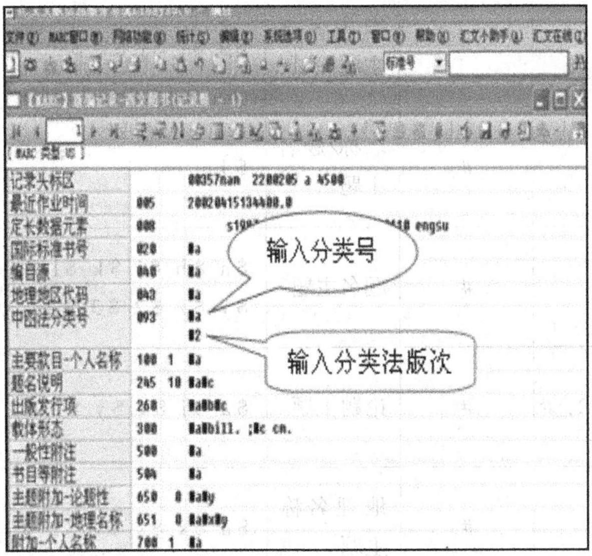

图 12-2 西文图书著录模板

12.3.3　主题相关字段介绍

主题标引与分类标引一样，都是揭示文献主题内容的方法，在标引过程中需对文献进行主题分析，以预先编制好的、反映主题概念的工具——分类表或主题词表为依据，采用词语标识。主题字段记录根据主题标引原则建立的主题标目或索引词，主要用于主题检索。主题分为名称主题、论题性主题和非控主题。名称主题又包括个人名称、团体名称、会议名称、统一题名和地理名称。

在 CNMARC 中，常用的主题字段见表 12-1。

表 12-1　**CNMARC 常用的主题字段**

字段标识	第 1 指示符	第 2 指示符	字段名称	字段结构（子字段）
600	#	0，1	个人名称主题	$a $b $c $d $f $g $j $x $y $z $2 $3 $A
601	0，1	0，1，2	团体名称主题	$a $b $c $d $e $f $g $h $j $x $y $z $2 $3 $A $B
602	#	#	家族名称主题	$a $f $j $x $y $z $2 $3 $A
604	#	#	名称/题名主题	$1
605	#	#	题名主题	$a $h $i $k $l $m $n $q $j $x $y $z $2 $3 $A
606	0，1，2，#	#	论题主题	$a $j $x $y $z $2 $3 $A
607	#	#	地理名称主题	$a $x $y $z $2 $3 $A

注：“#”为空格，未定义。

其中使用最频繁的是606字段。606字段指示符、子字段说明见表12-2。

表12-2 **CNMARC的606字段说明**

字段	指示符	子字段	描 述	必备性	重复性
606			论题名称主题	有则必备	可重复
	第1		主题词层级	必备	不可重复
	0		未指定层级	有则必备	不可重复
	第2		未定义	必备	不可重复
		$a	款目要素（入口词）	必备	不可重复
		$j	形式复分	有则必备	可重复
		$x	论题复分	有则必备	可重复
		$y	地理复分	有则必备	可重复
		$z	年代复分	有则必备	可重复
		$2	系统代码	可选用	不可重复
		$3	规范记录号	有则必备	不可重复
		$A	款目要素汉语拼音	可选用	不可重复

CNMARC格式606字段著录示例见图12-3。

图12-3 CNMARC格式606字段

在MARC21中，常用的主题字段见表12-3。

表 12-3　　　　　　**MARC21 常用的主题字段**

字段标识	字段名称	注　释
600	主题附加款目——个人名称	有则必备，可重复
610	主题附加款目——团体名称	有则必备，可重复
611	主题附加款目——会议名称	有则必备，可重复
630	主题附加款目——统一名称	有则必备，可重复
650	主题附加款目——论题性词语	有则必备，可重复
651	主题附加款目——地理名称	有则必备，可重复

注：主题字段在记录中的顺序按主题内容的重要性排列，不是按照字段的数字大小排列。

其中使用最频繁的是 650 字段。650 字段指示符、子字段说明见表 12-4。

表 12-4　　　　　　**MARC21 的 650 字段说明**

字段	指示符	子字段	描　述	必备性	重复性
606			主题附加款目——论题性词语	有则必备	可重复
	第 1		主题级别	必备	不可重复
	#		无信息提供	有则必备	不可重复
	0		未说明级别	有则必备	不可重复
	第 2		主题标引体系/叙词表	必备	不可重复
	0		LC 主题标目/LC 规范文档	有则必备	不可重复
	1		LC 儿童文学主题标目	有则必备	不可重复
	2		美国医学主题标目/NLM 规范文档	有则必备	不可重复
	3		美国国家农业图书馆主题规范文档	有则必备	不可重复
	4		未说明主题词来源	有则必备	不可重复
	5		加拿大主题标目/NLC 规范文档	有则必备	不可重复
	6		加拿大法语主题标目/NLC 规范文档	有则必备	不可重复
	7		在＄2 说明主题词来源	有则必备	不可重复
		＄a	作为款目要素的论题性词语或地理名称	必备	不可重复

续表

字段	指示符	子字段	描　述	必备性	重复性
606		$v	形式复分	有则必备	可重复
		$x	通用复分	有则必备	可重复
		$y	年代复分	有则必备	可重复
		$z	地理复分	有则必备	可重复
		$2	标目或词语来源	有则必备	不可重复

论题性主题只能取自主题词表，或根据主题词表规则产生的衍生主题，不能自拟，也不能任意组配。字段结束时标“.”或依据编目条例标识其他符号，如“）”、“］”等。

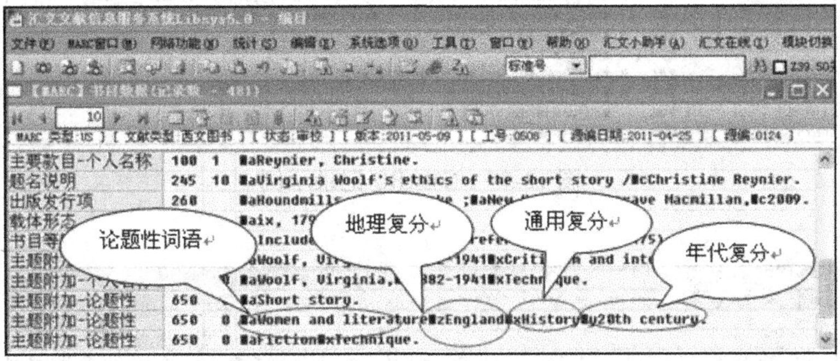

图 12-4　MARC21 格式 650 字段

12.3.4　MARC 格式示例

（1）中国机读目录格式 CNMARC（见图 12-5）

（2）MARC21 格式（见图 12-6）

12.3.5　索书号/种次号的处理

12.3.5.1　分类种次号库的维护

分类种次号库中存放分类号以及对应的当前最大种次号，在菜单中选择文件功能下的分类种次号管理选项，功能是将新增、删除、修改分类索书号加入到分类种次号库中。用户必须输入分类号、分类法类型、种次号前缀、当前最

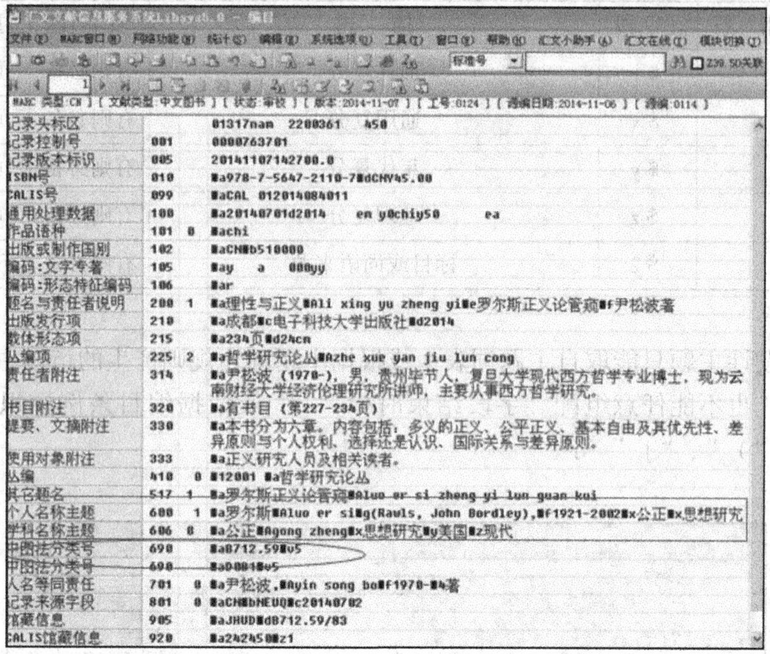

图 12-5　CNMARC 记录示例

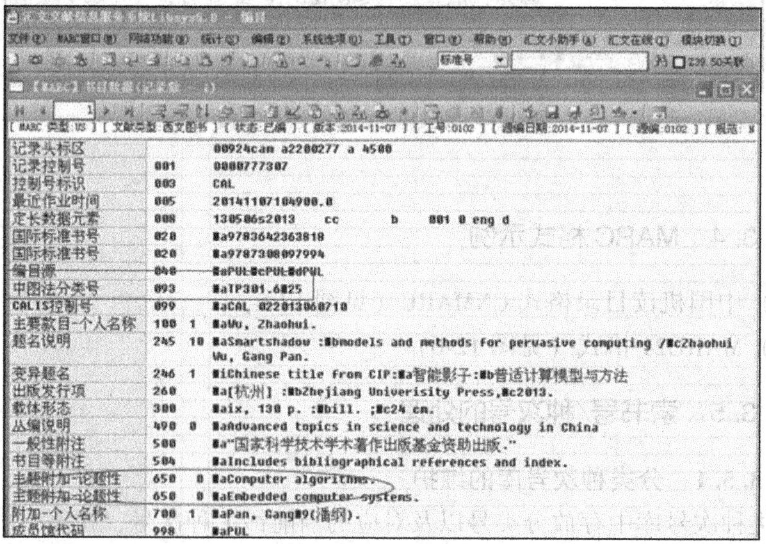

图 12-6　MARC21 记录示例

大号。

12.3.5.2 分类索书号的加工

显示业务窗口，点添加复本，也可直接在业务窗口双击或回车，弹出分配索书号窗口（见图 12-7），新增、修改、删除分类索书号，在输入分类号后，程序即可根据分类号对照分类种次号库，显示该分类号已使用的种次号供选择，更新分类种次号库（见图 12-8）。

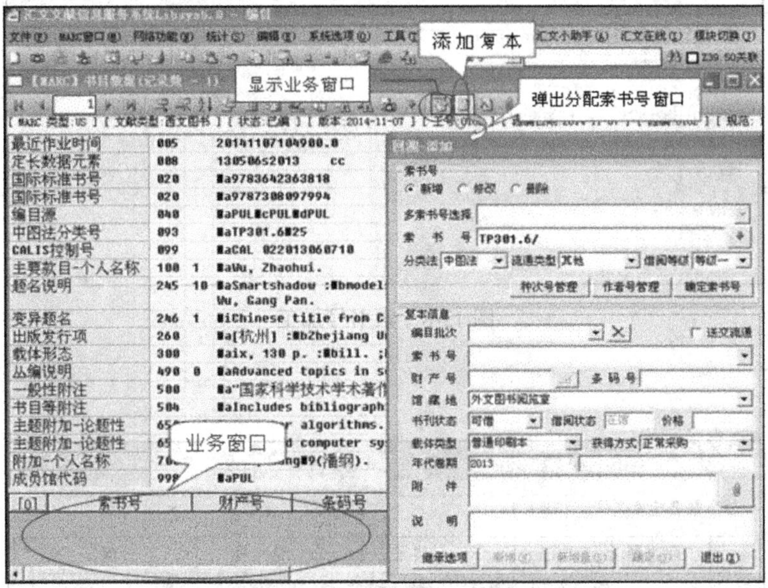

图 12-7 业务窗口示例

当一书的分类号在本地库没有时，先在种次号管理中新增该类，将最大号设为 0（见图 12-9），再用 F1 自动生成种次号。具体步骤为：

①点击种次号管理。

②点新增。

③输入分类号，最大号取 0。

④确定后退出。

⑤按 F1 自动生成种次号（光标在分类号/后，见图 12-10）。

⑥确定。

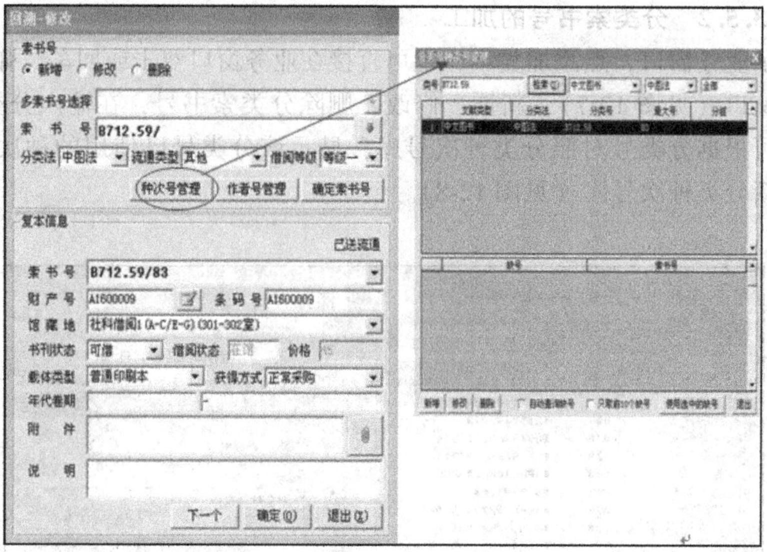

图 12-8　索书号加工

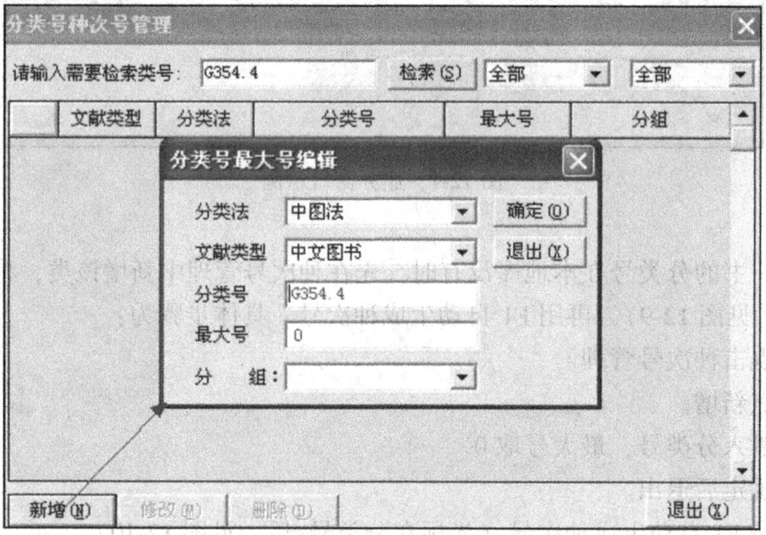

图 12-9　分类号最大号编辑

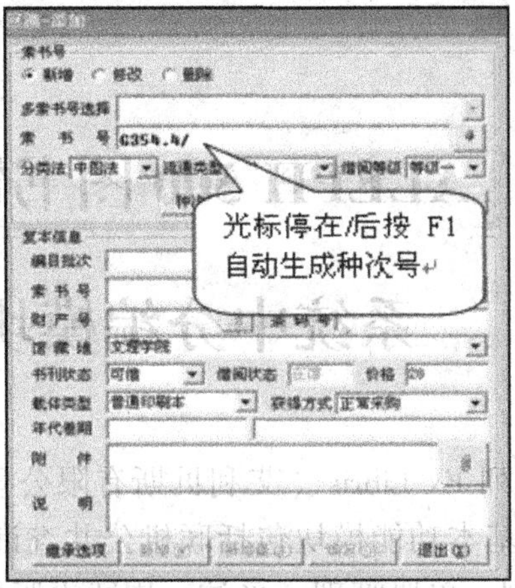

图 12-10　F1 自动生成种次号

12.3.6　注意事项

（1）索书号字段的添加，必须在业务窗口中修改，不能直接在索书号字段（如 CNMARC 的 905 字段）上直接添加索书号，直接添加的索书号将不被系统认可，是无效的，无法检索。

（2）每个子字段前必须输入子字段标识“■”，用键盘上的“\”键。

第13章　ALEPH 500 图书馆集成管理系统中分编模块的操作

ALEPH 500 是以色列 Ex Libris（艾利贝斯有限公司）开发的第五代图书馆自动化集成系统，其基本功能模块包括联机公共查询目录（含基于 Web 的查询）、编目及规范控制、单册管理、采访、连续出版物管理、馆际互借、系统管理等。其附加模块包括 ALEPH 数字资源模块（ADAM）、ALEPH 报表中心（ARC）、馆际互借（ILL）、媒体预订、联合目录。目前，已经有 1250 多套 ALEPH 系统安装在全球 51 个国家和地区的图书馆和多馆联合组织内。本章主要对 ALEPH 500 图书馆集成管理系统中分编模块的操作进行详细阐述。

ALEPH 图书馆集成管理
系统中分编模块的操作

13.1　实验目的与要求

（1）了解 ALEPH 500 图书馆集成管理系统中分编模块的特点与功能。

（2）掌握 ALEPH 500 图书馆集成管理系统中分编模块的使用方法，能在系统中进行套录编目和原始编目，完成文献分编整个流程。

13.2　实 习 内 容

（1）了解 ALEPH 500 图书馆集成管理系统中分编模块的基本操作方法。

（2）了解 ALEPH 500 系统中套录编目与原始编目的完整工作流程。
（3）了解 ALEPH 500 系统中分类标引的基本流程与相关字段。
（4）了解 ALEPH 500 系统中主题标引的基本流程与相关字段。
（5）了解 ALEPH 500 系统中索书号标引的基本方法。

13.3 实验操作指导

13.3.1 ALEPH 的编目方式

ALEPH 系统满足联机编目模式下的两种编目方式：套录编目与原始编目。

13.3.1.1 套录方式

ALEPH 系统可通过 Z3950 协议配置多个远程书目数据库，方便用户实时下载书目数据。图 13-1 以中文文献为例，介绍 ALEPH 系统套录编目的完整流程。

ALEPH 的套录有两种操作方式，分别适用于有 ISBN 号及无 ISBN 的在编文献。

第一种：有 ISBN 号的在编中文图书套录操作步骤

① 文献查重。选中 进行记录检索，点击“高级检索”，“检索库”则选择“中文文献库”。

② 输入检索值。在图 13-2 的检索界面中输入检索值，如 ISBN=“978-7-307-06288-7”，检索到一条记录，共有五种查看方式，可与待编文献进行比对。

③ 选中记录，进入编目界面。确认是需要进行编目处理的文献记录，进入编目界面，此时打开的是 CNMARC 格式的书目记录（可进行编辑修改），该书目记录的系统号为“WHU01-617122”。

④ 查找相似记录。右键点击编目界面，选择“查找相似记录”功能或使用快捷键“Ctrl+G”进行 CALIS 中文书目库数据套录。

⑤ 比较命中记录与待编文献。点击图 13-5 中查找相似记录框中的“显示记录”即可看到 CALIS 简编库的著录情况，以便与待分编的文献进行对比确认。

⑥ 合并套录数据。点击图 13-6 中的“选择”，出现询问是否要合并记录的对话框。

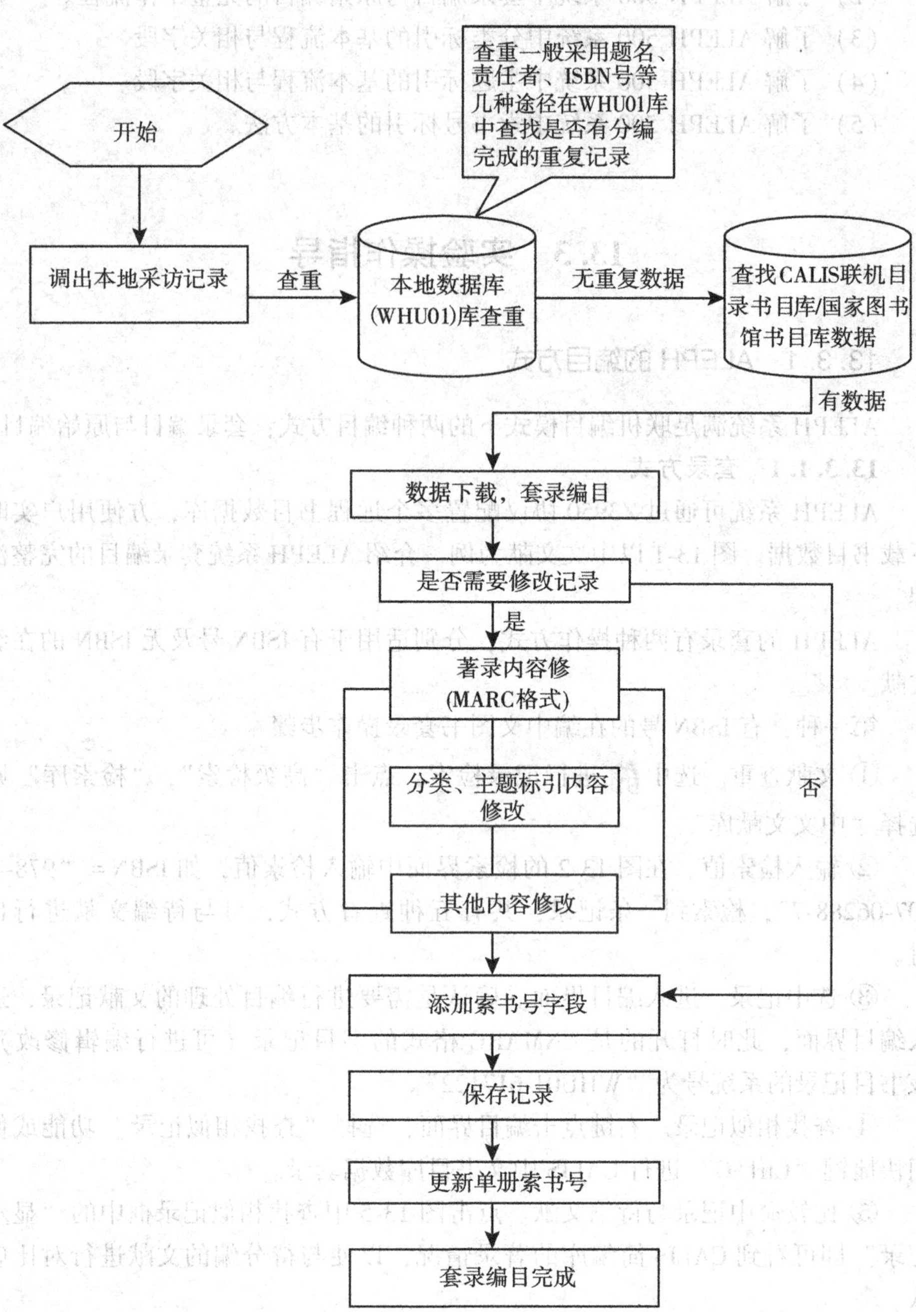

图 13-1　ALEPH 套录编目流程

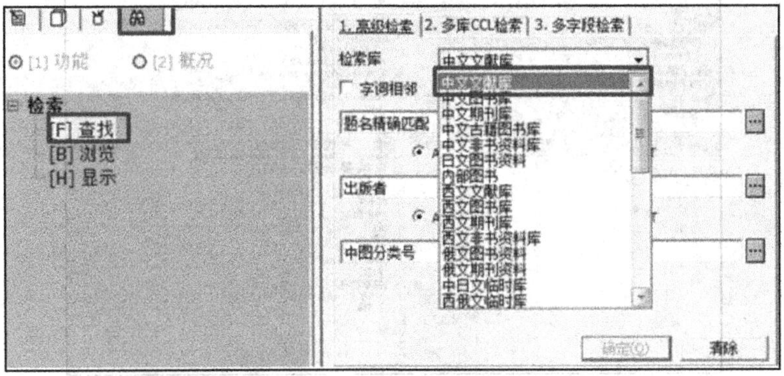

图 13-2　文献查重步骤的截图

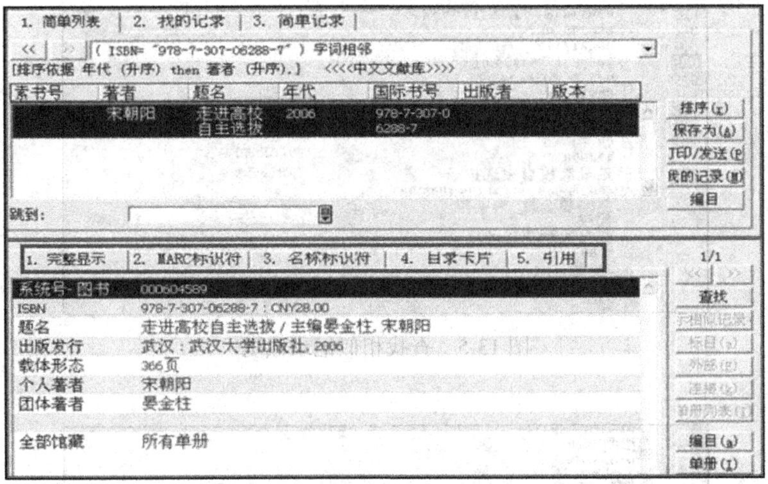

图 13-3　文献查重结果截图

点击图 13-7 中的“是”，系统则自动下载 CLIAS 详编记录，并同时完成详编记录覆盖本地采访记录的操作，图 13-8 为覆盖本地采访记录后的结果。后续操作即为在本地修改完善记录、添加馆藏字段并保存记录到服务器。

第二种：无 ISBN 号的在编中文图书套录操作步骤

① 在检索界面下，选择检索途径，并输入检索值，如“题名＝銀龍集”，检索并调出本地采访记录，进入编目界面。

②重新进入查找状态，打开“高级检索”，选择“CALIS 中文简编库（CALISCNB）（见图 13-10）。

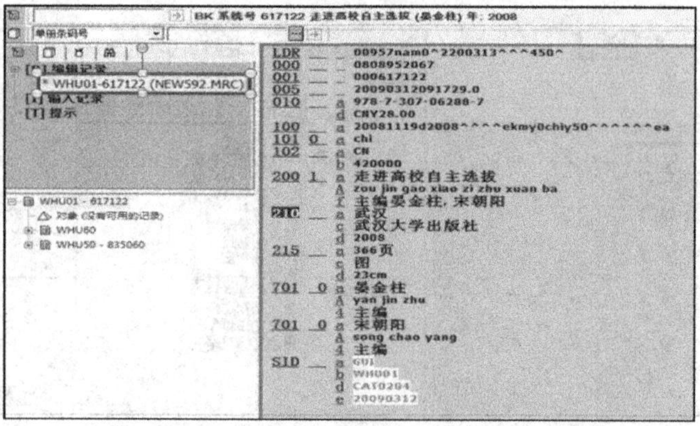

图 13-4　选中的书目记录

图 13-5　查找相似记录截图

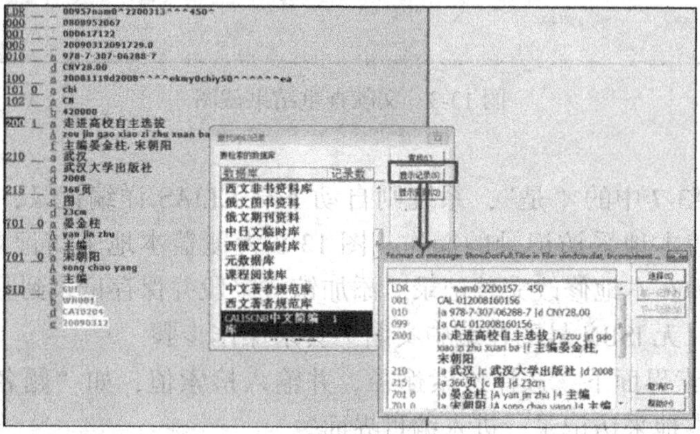

图 13-6　记录显示结果截图

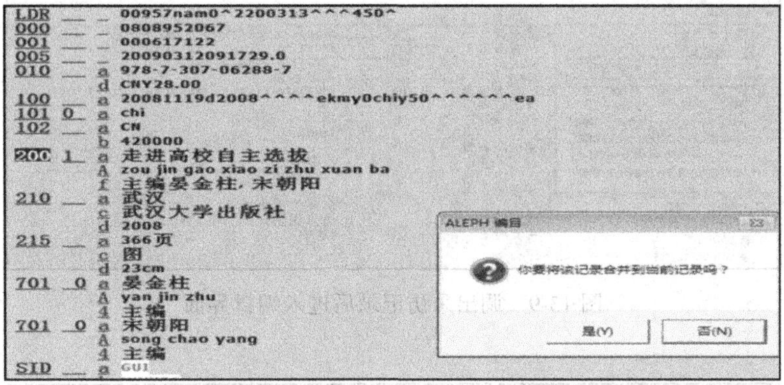

图 13-7　合并套录数据结果截图

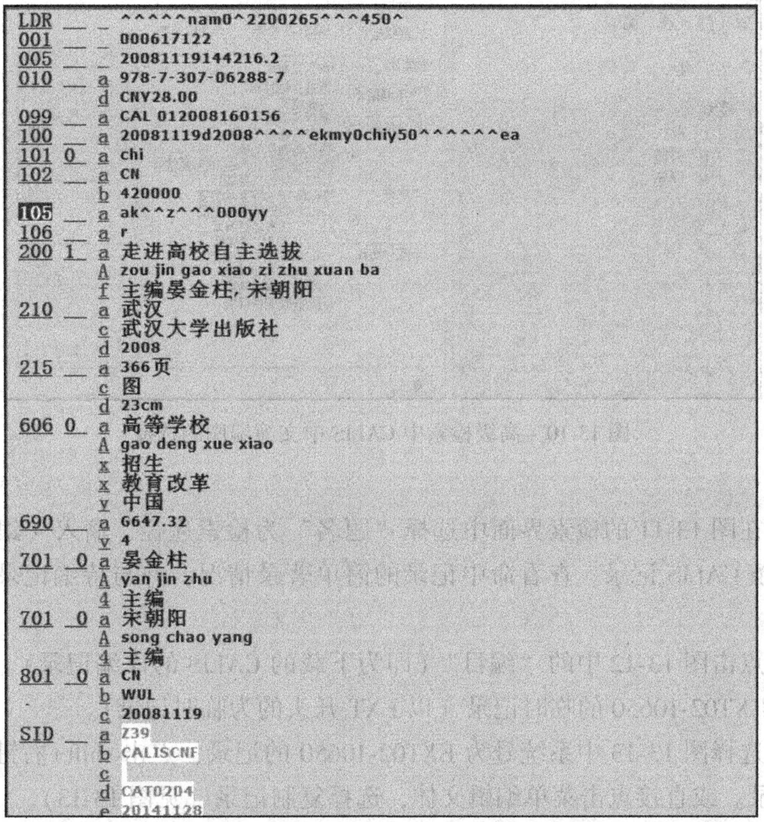

图 13-8　覆盖本地采访记录后的结果

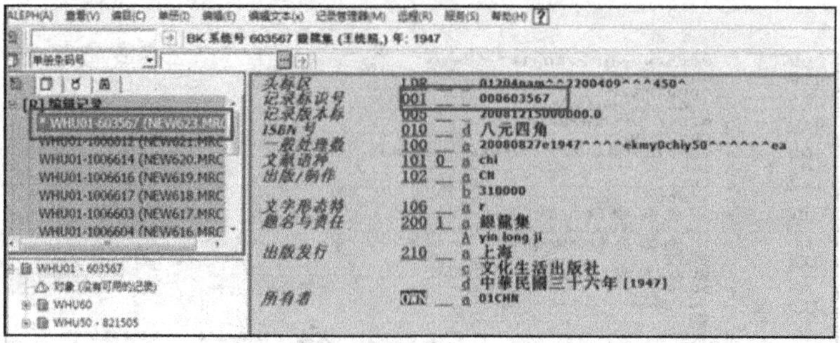

图 13-9　调出采访记录后进入编目界面

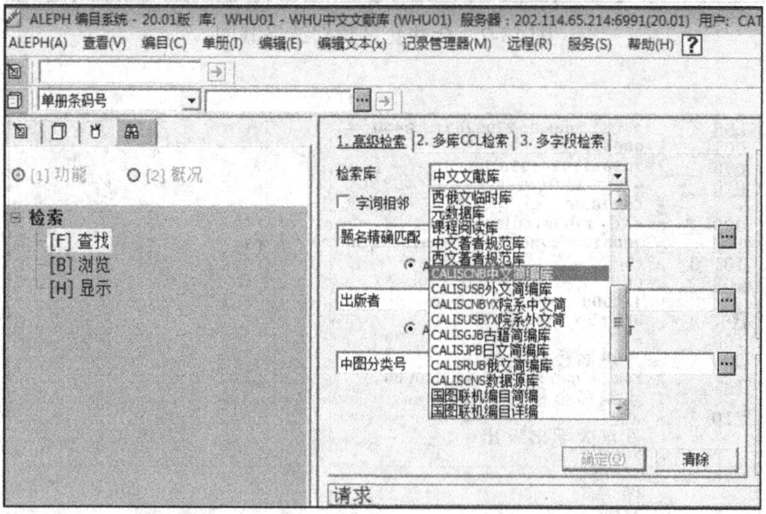

图 13-10　高级检索中 CALIS 中文简编库的选择

③ 在图 13-11 的检索界面中选择"题名"为检索途径，输入"銀龍集"，命中 1 条 CALIS 记录。查看命中记录的简单著录情况，并与待编记录进行比对确认。

④ 点击图 13-12 中的"编目"（即为下载的 CALIS 的详编记录），产生系统号为 EXT02-10650 的临时记录（以 EXT 开头的为临时记录）。

⑤ 选择图 13-13 中系统号为 EXT02-10650 的记录，点击 shift+右键，选择复制记录。或直接点击菜单编辑文体，选择复制记录（见图 13-13）。

⑥ 选中本地采访记录，点击 shift+右键，选择粘贴记录。或直接点击菜单"编辑文本"，选择粘贴记录，完成将 CALIS 的详编记录覆盖本地采访记录的操

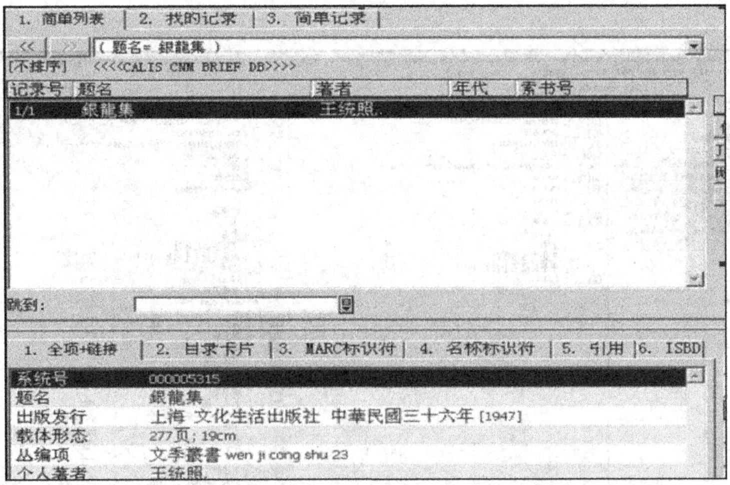

图 13-11　命中记录与待编记录的比对

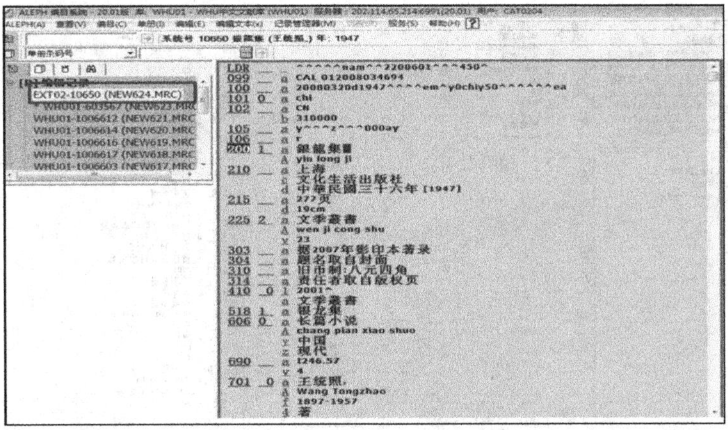

图 13-12　临时记录的截图

作。然后根据本馆情况对记录进行完善并保存到服务器和本地（见图 13-14）。

图 13-15 为用 CALIS 记录覆盖本地采访记录后的结果。

13.3.1.2　原始编目方式

原始编目是指没有外来数据可供套录，从而完成对文献的内容及形式特征进行描述和标引的一系列工作。ALEPH 提供了 Z39.50 接口，参加 CALIS 联机合作编目的成员馆可直接在编目系统中完成原始编目并提交至 CALIS 联合目录中心。详细步骤如下：

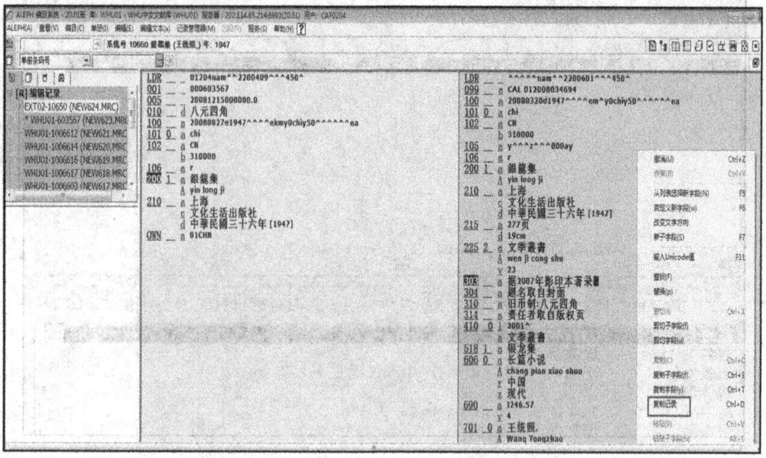

图 13-13　复制记录的截图

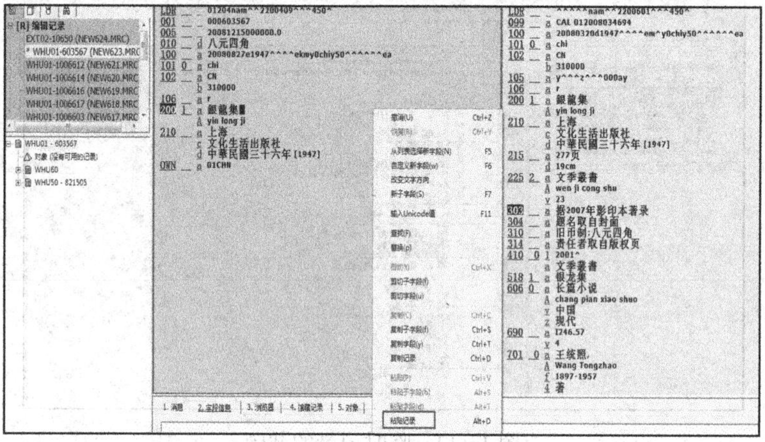

图 13-14　粘贴记录的截图

① 查找数据源。选择 CALIS 联合目录数据库，输入检索条件，如 ISBN、题名、责任者等进行查找，确认无相关检索结果。如利用题名《Excel 2013 公式、图表与电子表格制作》、ISBN 号 978-7-121-25497-0 及责任者“孙全党”等多项检索条件，检索结果均为 0。

② 原编记录手工查重。在本地库完成文献著录后，选择“编辑”菜单下的“整理记录”或直接使用 CTRL+W 快捷方式，弹出整理记录菜单，选择原编记录手工查重（见图 13-17）。

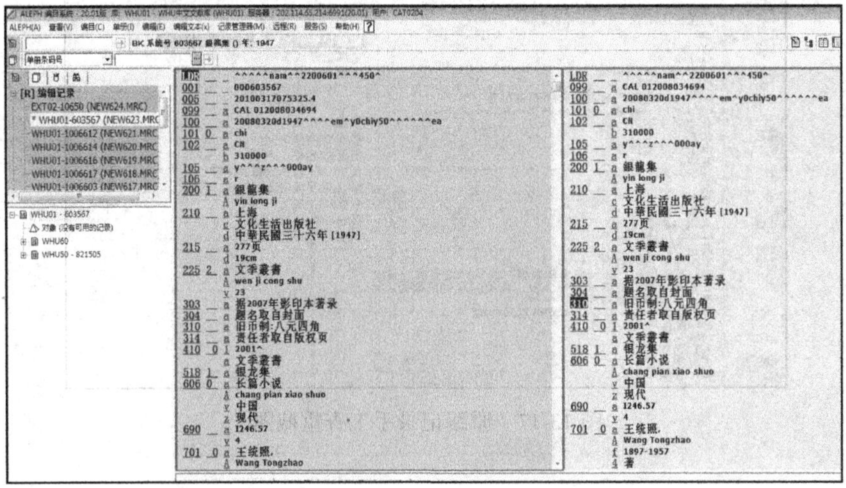

图 13-15　覆盖本地采访记录后的结果截图

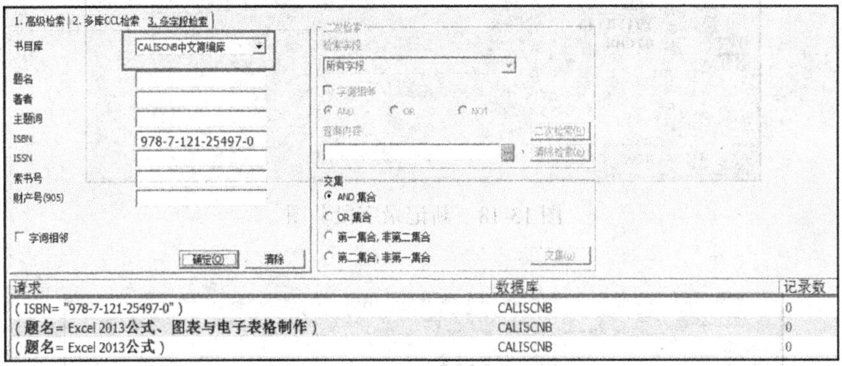

图 13-16　查重结果为 0 的截图

系统会根据内置的判重条件将提交的新数据与 CALIS 联合目录数据库的正式数据进行比对，如果确认是原编，会自动在数据末生成一个表明新记录的字段（见图 13-18）。

③ 提交原编记录。点击菜单“远程”—“增加记录”即可向 CALIS 联合目录中心提交原始编目的数据（见图 13-19）。

记录成功提交后，系统会自动增加 CALIS 的控制号字段 099（见图 13-20）。

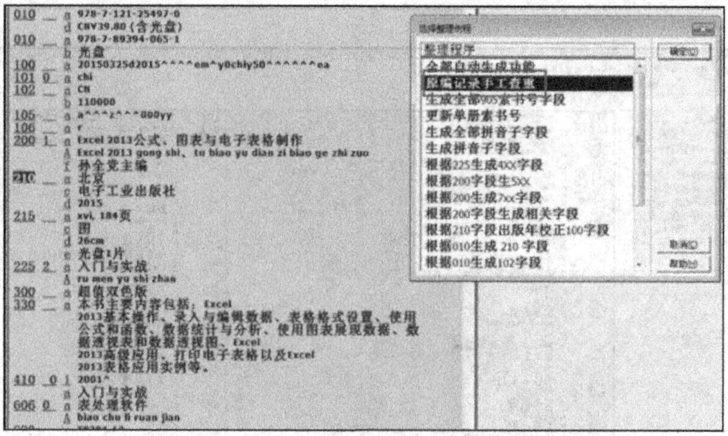

图 13-17　原编记录手工查重截图

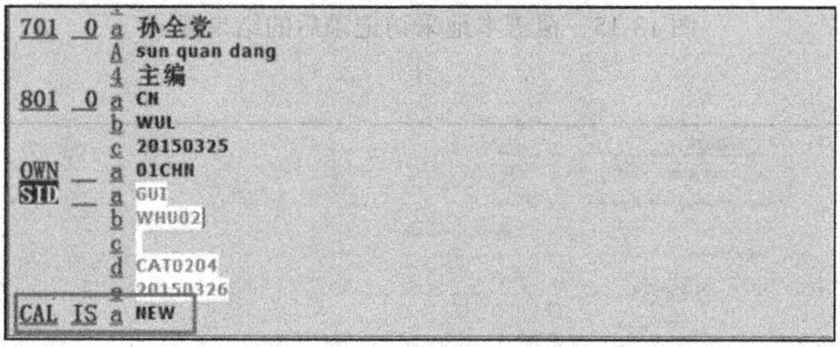

图 13-18　新记录字段截图

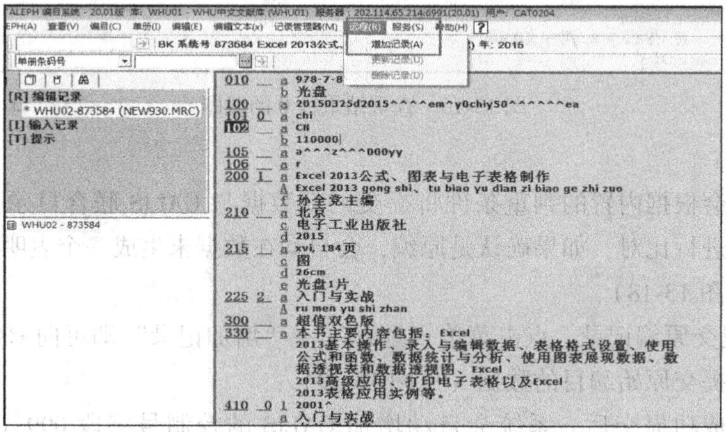

图 13-19　向 CALIS 提交数据截图

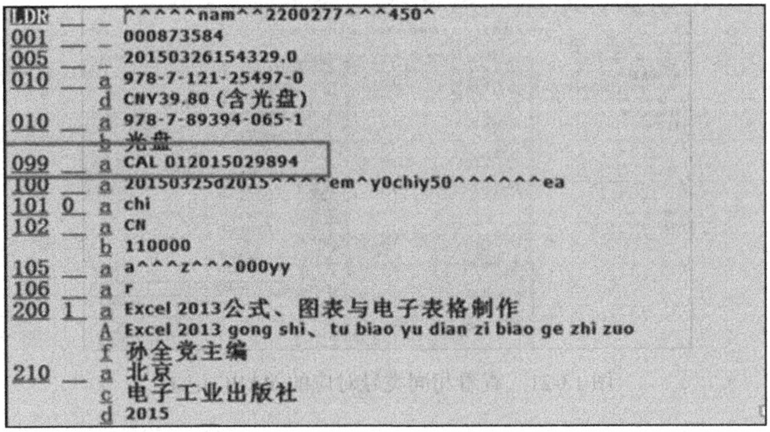

图 13-20　向 CALIS 提交数据截图

13.3.2　分类号相关字段介绍

在 CNMARC 中，690 字段为中国图书馆分类号，692 字段为中国科学院图书馆分类号。在 $a 子字段著录分类号，在 $v 子字段著录分类法版次，自 2010 年 10 月《中国图书馆分类法》第五版问世，目前大多数图书馆使用的都为第五版，因此 690 字段的 $v 著录“5”。

在 MARC21 字段中，050 字段名称是美国国会分类号，082 是杜威十进分类号，093 字段是中图法分类号，$a 子字段著录分类号，$2 子字段著录分类法版次。094 字段为中国科学院图书馆分类号。

如果通过套录的 MARC 数据，需对分类进行审核，同时查询本馆书目库中同类书的归类，以保证同类书分类的一致性。对多卷书、丛书分类时，除了以总书名、丛书名查重外，还要以分册题名查重，以保证著录和分类的一致性。在 ALEPH 系统中，选中分类号，并点击鼠标右键或“编辑”菜单，选中“检索当前库的字段标目”（见图 13-21），可查看相同分类号对应的 MARC 记录，以作参考。

点击“查看记录”即可查看相同分类号的记录（见图 13-22）。

13.3.3　主题词相关字段介绍

CNMARC 中，常用的主题字段包括 600 个人名称主题、601 团体名称主题、602 家族名称主题、604 名称与题名主题、605 题名主题、606 论题主题和 607 地理名称主题。

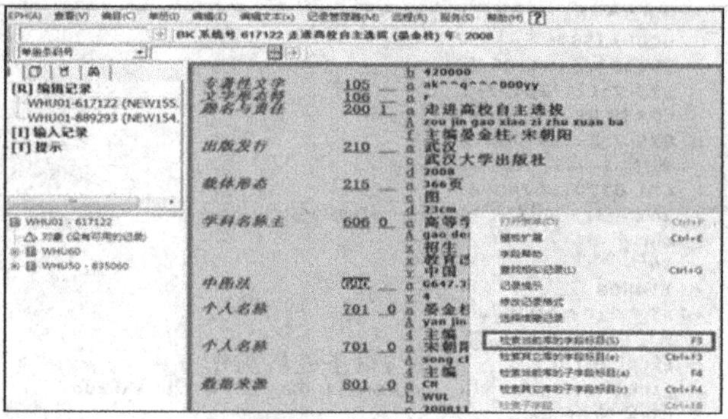

图 13-21　查看相同类号对应的 MARC 记录

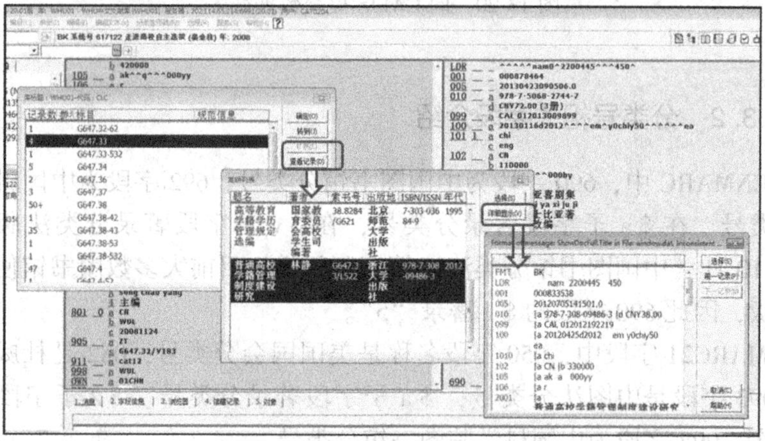

图 13-22　相同分类号的 MARC 记录

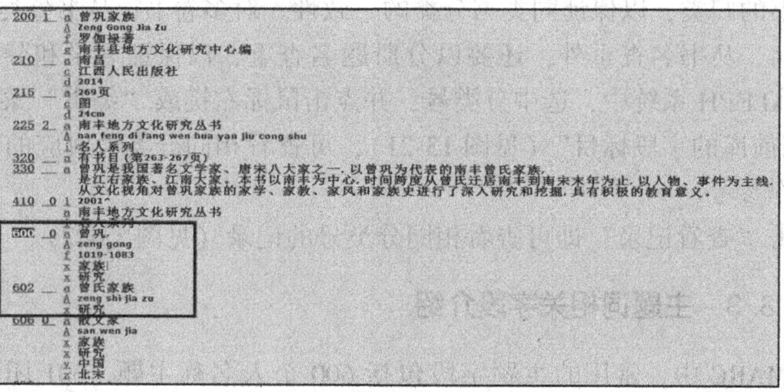

图 13-23　个人名称主题截图

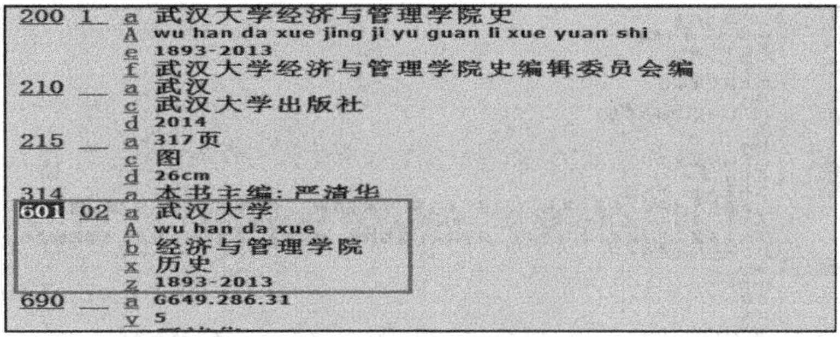

图 13-24 团体名称主题截图

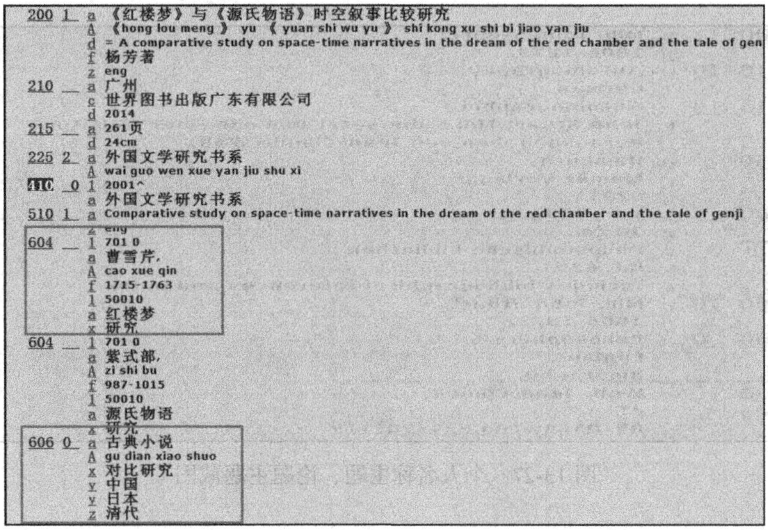

图 13-25 名称与题名主题、论题主题截图

MARC21 中，比较常用的主题字段包括 600 个人名称主题、650 论题主题、651 地理名称主题。

主题词的选取、审核建立在掌握文献内容的基础上，必要时可参考其他书目数据目，包括本馆书目数据，及其他一些相对比较权威的书目库，包括国家图书馆、CALIS 联合目录、北京大学图书馆、美国国会图书馆等机构提供的书目数据。确定的主题词一要保证与文献主题内容相符，二要保证主题词用语规范。

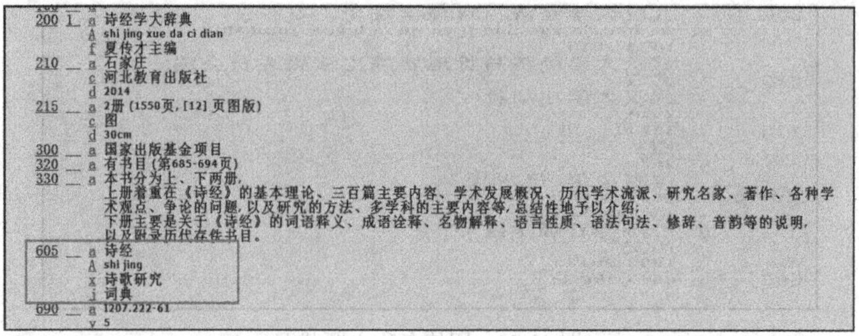

200	1_	a	诗经学大辞典
		A	shi jing xue da ci dian
		f	夏传才主编
210	__	a	石家庄
		c	河北教育出版社
		d	2014
215	__	a	2册 (1550页, [12] 页图版)
		c	图
		d	30cm
300	__	a	国家出版基金项目
320	__	a	有书目 (第685-694页)
330	__	a	本书分为上、下两册, 上册着重在《诗经》的基本理论、三百篇主要内容、学术发展概况、历代学术流派、研究名家、著作、各种学术观点、争论的问题, 以及研究的方法、多学科的主要内容等, 总结性地予以介绍; 下册主要是关于《诗经》的词语释义、成语诠释、名物解释、语言性质、语法句法、修辞、音韵等的说明, 以及附录历代存佚书目。
605	__	a	诗经
		A	shi jing
		x	诗歌研究
		j	词典
690	__	a	I207.222-61
		v	5

图 13-26　题名主题截图

100	1_	a	Mill, John Stuart,
		d	1806-1873.
240	10	a	Autobiography.
		l	German
245	10	a	Autobiographie /
		c	John Stuart Mill ; übersetzt und mit einer Einleitung herausgegeben von Jean-Claude Wolf.
260	__	a	Hamburg :
		b	Meiner Verlag,
		c	c2011.
300	__	a	xxx, 300 p. ;
		c	20 cm.
490	0_	a	Philosophische Bibliothek ;
		v	Bd. 629
504	__	a	Includes bibliographical references and index.
600	10	a	Mill, John Stuart,
		d	1806-1873.
650	_0	a	Philosophers
		z	England
		v	Biography.
700	1_	a	Wolf, Jean-Claude.
905	__	a	ZT
		s	B5/P568w/Bd.629/2011/Y

图 13-27　个人名称主题、论题主题截图

13.3.4　MARC 格式示例

(1) 中文机读目录格式 CNMARC

001 为系统控制号，为一条记录唯一的标识号，可用于 ALEPH 检索。

(2) MARC21 格式

13.3.5　索书号的处理

中文文献索书号的构成为《中图法》分类号加著者号码表，西文文献索书号的构成为《中图法》分类号加卡特号码表。ALEPH 系统中，索书号的取号流程如下：

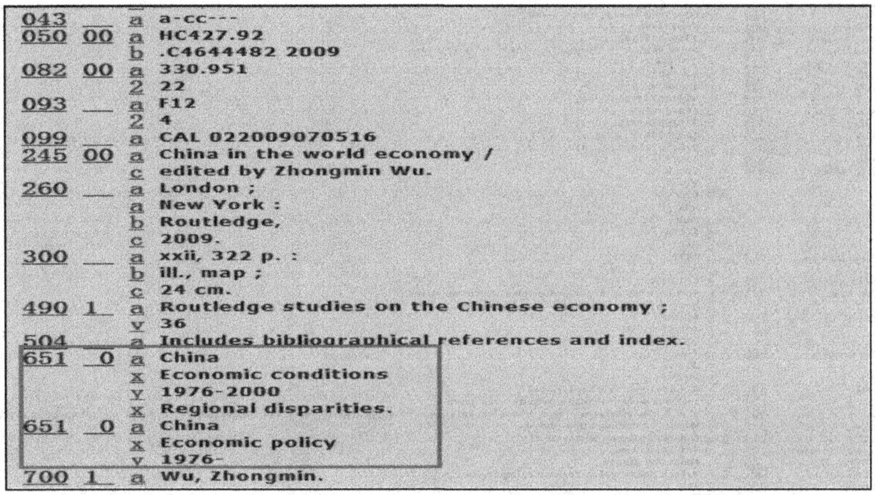

043	__	a	a-cc---
050	00	a	HC427.92
		b	.C4644482 2009
082	00	a	330.951
		2	22
093	__	a	F12
		2	4
099	__	a	CAL 022009070516
245	00	a	China in the world economy /
		c	edited by Zhongmin Wu.
260	__	a	London ;
		a	New York :
		b	Routledge,
		c	2009.
300	__	a	xxii, 322 p. :
		b	ill., map ;
		c	24 cm.
490	1_	a	Routledge studies on the Chinese economy ;
		v	36
504	__	a	Includes bibliographical references and index.
651	_0	a	China
		x	Economic conditions
		y	1976-2000
		x	Regional disparities.
651	_0	a	China
		x	Economic policy
		y	1976-
700	1_	a	Wu, Zhongmin.

图 13-28　地理名称主题截图

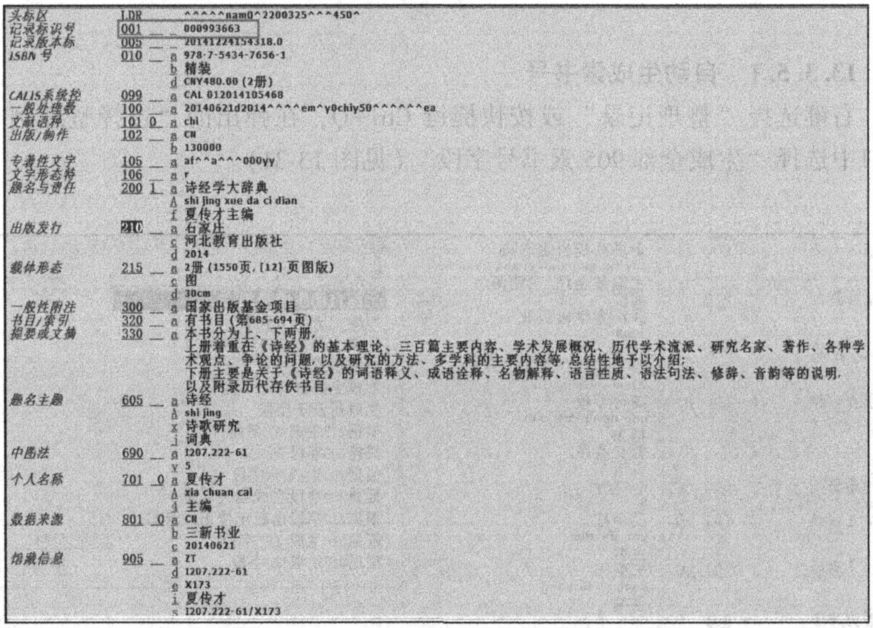

头标区	LDR			^^^^^nam0^2200325^^^450^
记录标识号	001	__	_	000993663
记录版本标	005	__	_	20141224154318.0
ISBN 号	010	__	a	978-7-5434-7656-1
			b	精装
			d	CNY480.00 (2册)
CALIS系统控	099	__	a	CAL 012014105468
一般处理数	100	__	a	20140621d2014^^^^em^y0chiy50^^^^^^ea
文献语种	101	0_	a	chi
出版/制作	102	__	a	CN
			b	130000
专著性文字	105	__	a	af^^a^^^000yy
文字形态特	106	__	a	r
题名与责任	200	1_	a	诗经学大辞典
			A	shi jing xue da ci dian
			f	夏传才主编
出版发行	210	__	a	石家庄
			c	河北教育出版社
			d	2014
载体形态	215	__	a	2册 (1550页, [12] 页图版)
			c	图
			d	30cm
一般性附注	300	__	a	国家出版基金项目
书目/索引	320	__	a	有书目 (第685-694页)
提要或文摘	330	__	a	本书分为上、下两册, 上册着重在《诗经》的基本理论、三百篇主要内容、学术发展概况、历代学术流派、研究名家、著作、各种学术观点、争论的问题,以及研究的方法、多学科的主要内容等,总结性地予以介绍; 下册主要是关于《诗经》的词语释义、成语诠释、名物解释、语言性质、语法句法、修辞、音韵等的说明,以及附录历代存佚书目。
题名主题	605	__	a	诗经
			A	shi jing
			x	诗歌研究
			j	词典
中图法	690	__	a	I207.222-61
			v	5
个人名称	701	_0	a	夏传才
			A	xia chuan cai
			4	主编
数据来源	801	_0	a	CN
			b	三新书业
			c	20140621
馆藏信息	905	__	a	ZT
			d	I207.222-61
			e	X173
			i	夏传才
			s	I207.222-61/X173

图 13-29　中文机读目录格式 CNMARC 举例

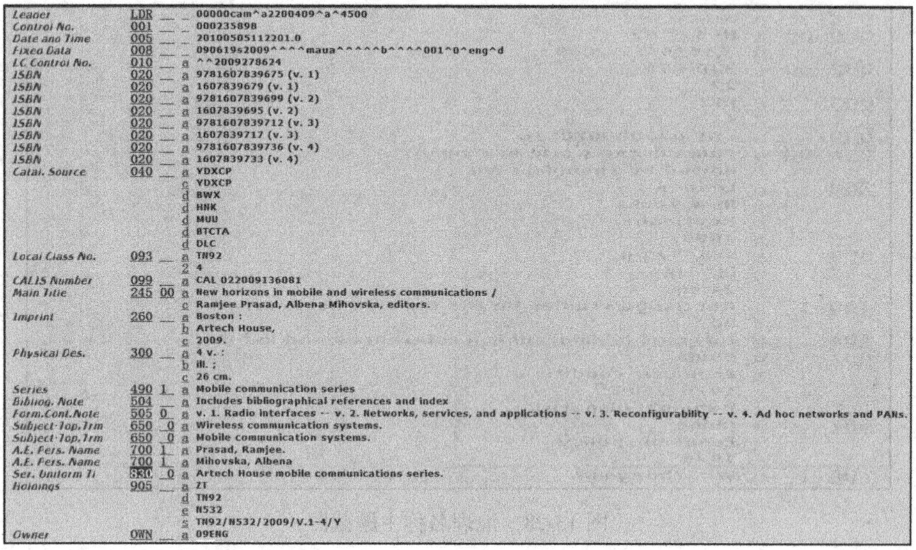

图 13-30　MARC21 格式举例

13.3.5.1　自动生成索书号

右键选择“整理记录”或按快捷键 Ctrl+Q，在弹出的“选择整理例程”窗口中选择“生成全部 905 索书号字段”（见图 13-31）。

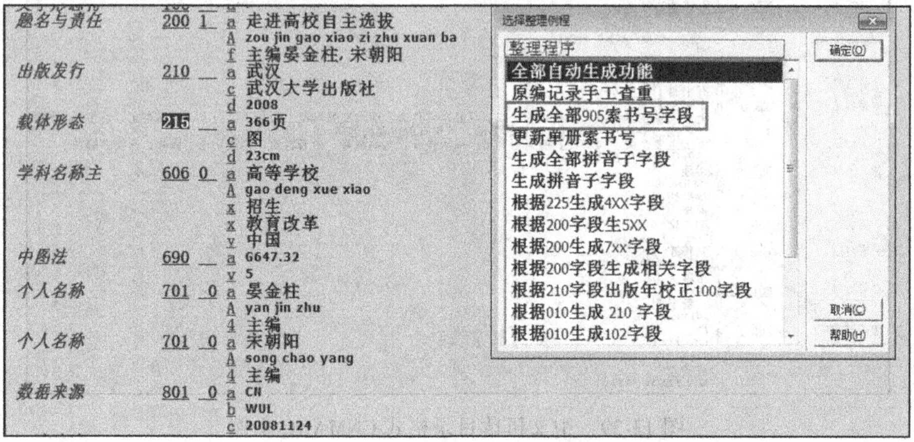

图 13-31　自动生成索书号截图

@d 为第一个 690，@i 为 701，著者号码表即是以 $i 为取号依据（见图 13-32）。

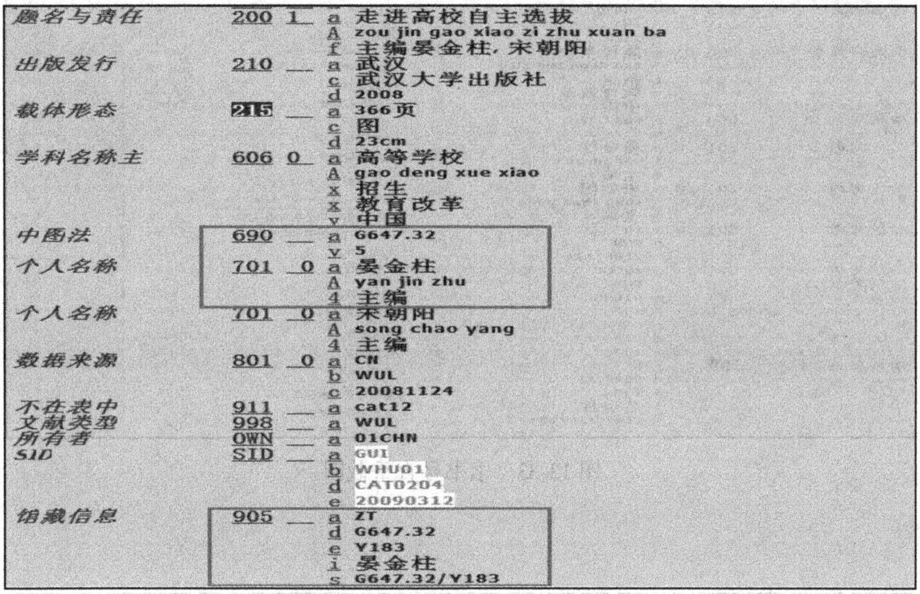

图 13-32　索书号 905 字段的构成

13.3.5.2　索书号查重

把鼠标放在 905@s 子字段标识上，鼠标右键选择“检索当前库的子字段标目”，或直接按快捷键 F4。也可将索书号复制后回到检索栏中查重。查找到书目库里的相关索书号后，根据本馆同类文献区分规则，确认是否需要进行区分处理（见图 13-33）。

13.3.5.3　更新单册索书号

右键选择“整理记录”—“更新单册索书号”（见图 13-35）。

13.3.6　注意事项

自动生成索书号功能默认 701、711 取值，如果依题名或其他责任者取号，需人工修改。

集中分类的多卷书或连续出版物不能轻易使用“更新单册索书号”功能，会将所有带有卷册的索书号均修改覆盖成 905 $s 的格式，如果要对各卷册图书在索书号上加以区分，应手动在单册的索书号部分进行修改。

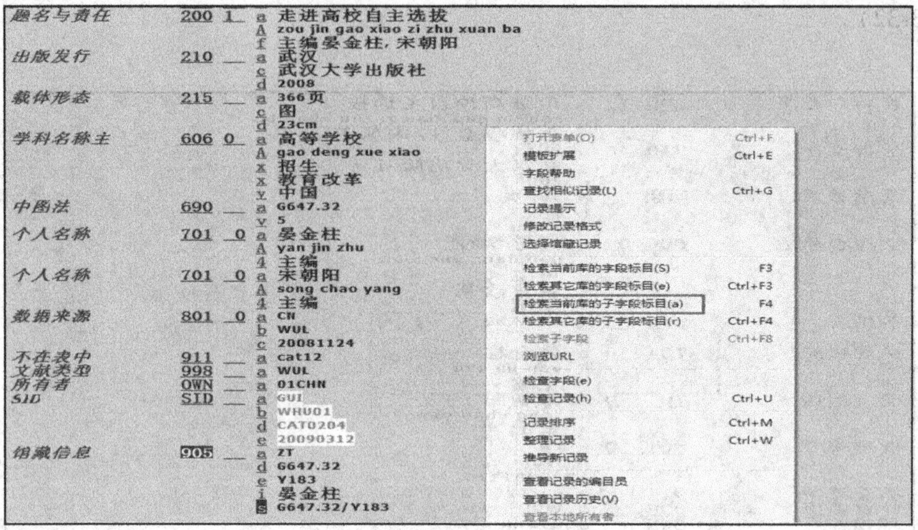

图 13-33　索书号查重截图

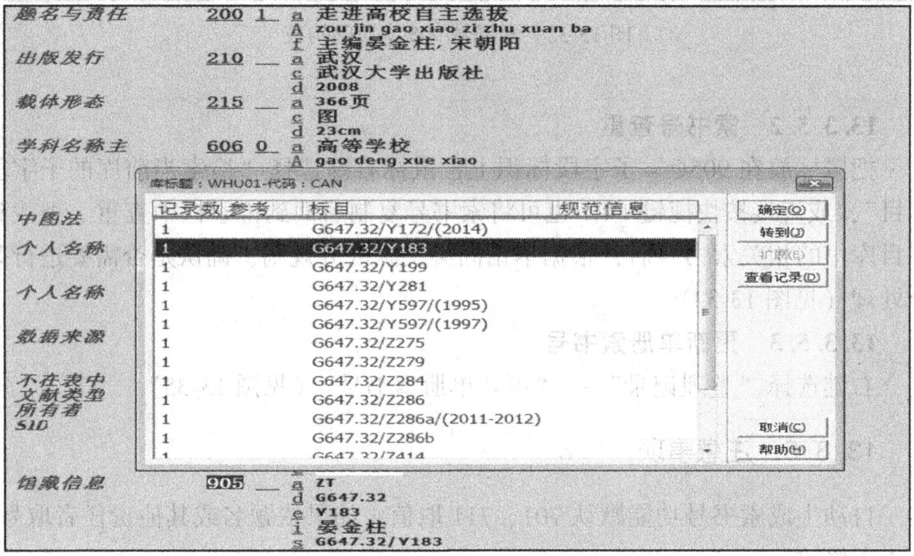

图 13-34　相关索书号的区分截图

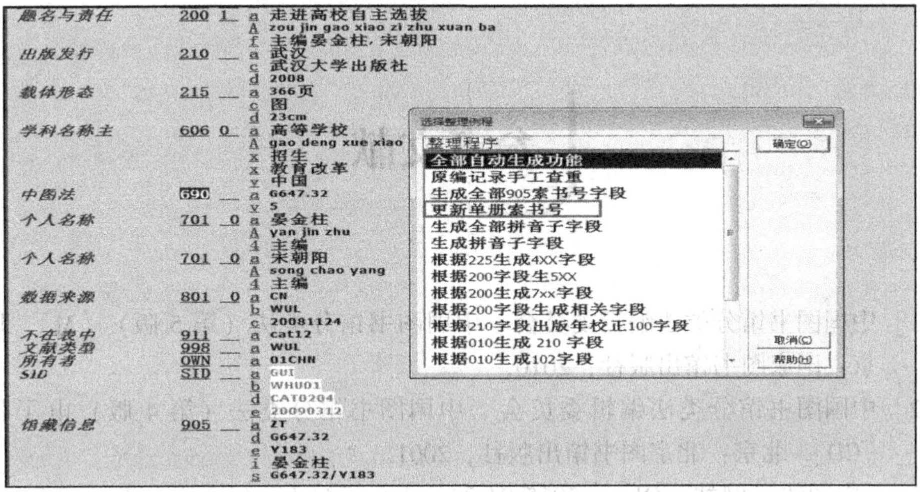

图 13-35　更新单册索书号截图

参考文献

[1] 中国图书馆分类法编辑委员会．中国图书馆分类法（第5版）［M］．北京：国家图书馆出版社，2010.

[2] 中国图书馆分类法编辑委员会．中国图书馆分类法（第4版）电子版［CD］．北京：北京图书馆出版社，2001.

[3]《中图法》网站［OL］［2015-04-20］. http：//clc. nlc. gov. cn/.

[4]《中图法》（第5版）Web 版［OL］［2015-04-26］. http：//clc5. nlc. gov. cn/login. aspx.

[5]《中国分类主题词表》Web 版［OL］［2015-04-26］. http：//cct. nlc. gov. cn/login. aspx.

[6] Dewey Service［OL］.［2015-04-29］. http：//www. oclc. org/dewey. en. html.

[7] Watch a WebDewey demo［OL］［2015-04-29］. http：//www5. oclc. org/downloads/tutorials/webdewey/overview/webdewey2. pps.

[8] Classification Web［OL］.［2015-04-20］. http：//classificationweb. net/Menu/index. html.

[9] ClassWeb Help Topics［OL］［2015-04-28］. http：//classificationweb. net/Help/.

[10] Library of Congress Subject Headings PDF Files［OL］.［2015-04-20］. http：//www. loc. gov/aba/publications/FreeLCSH/freelcsh. html#About.

[11] Protégé［OL］.［2015-05-01］. http：//protege. stanford. edu/.

[12] Cmap software［OL］.［2015-05-01］. http：//cmap. ihmc. us/.

[13] LibGuides Community［EB/OL］.［2015-02-02］. http：//libguides. com/community. php? m=i&ref=libguides. com.

[14] 袁晔，郭晶，余晓蔚．Libguides 学科服务平台的应用实践和优化策略［J］. 图书情报工作，2013（2）：19-23.

[15] 文献分类标引规则［S］（报批稿）.

附录　文献分类标引流程图

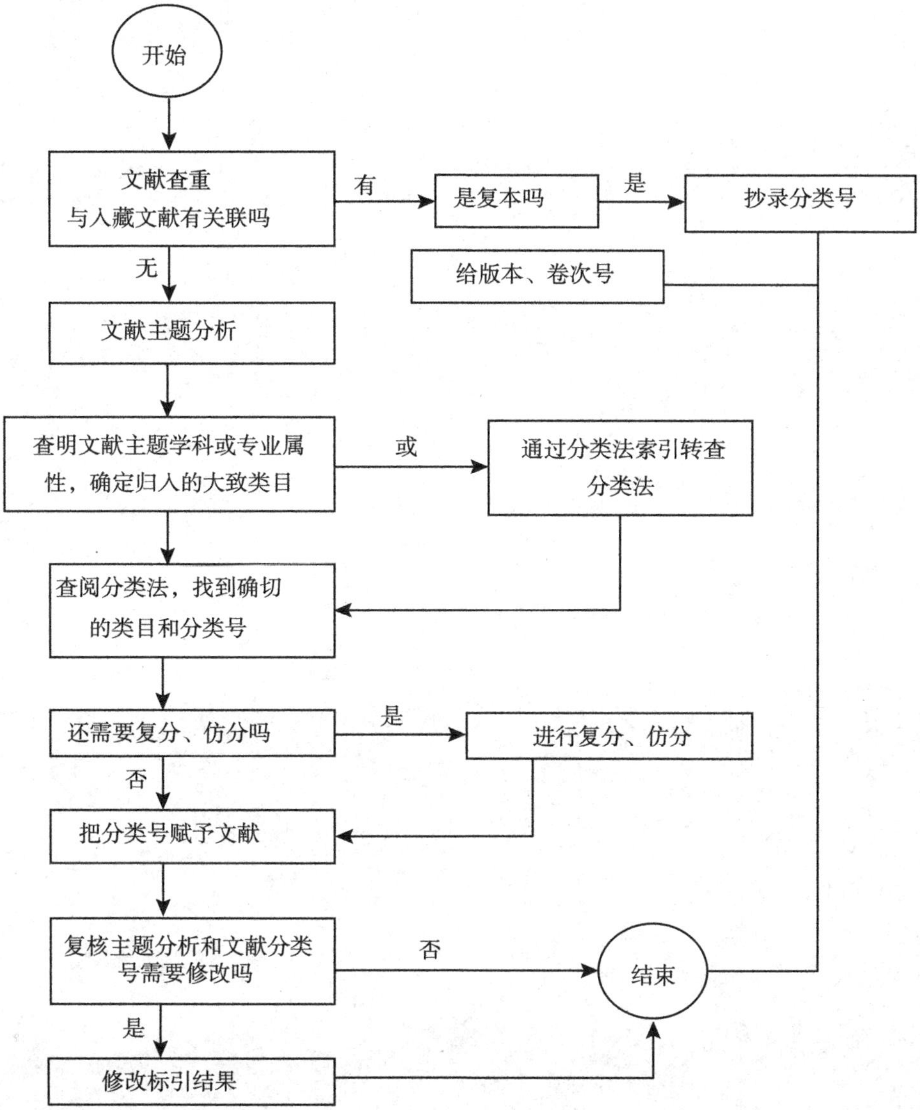